保育者の資質・能力を育む
保育所・施設・幼稚園 実習指導

監修●柏女霊峰

編著●槇英子・齊藤崇・江津和也・桃枝智子

福村出版

[JCOPY]〈出版者著作権管理機構 委託出版物〉
本書の無断複写は著作権法上での例外を除き禁じられています。複写される場合は、そのつど事前に、出版者著作権管理機構(電話 03-5244-5088、FAX 03-5244-5089、e-mail: info@jcopy.or.jp)の許諾を得てください。

私はこれまで、四半世紀にわたって福祉・保育専門職の養成に関わり、実習指導にも携わってきました。実習関係の著作にも何冊か関わりましたが、保育者実習に関わるのは初めてです。そこで、保育者実習について整理してみました。

　保育者とは一般的には、保育士、保育教諭、幼稚園教諭を指しますが、ここでは、保育士を中心に考えていきます。保育士が規定されている児童福祉法によると、保育士は、以下の3つの業務を行う専門職となります（本書 p.151「保育者の専門性について考える」参照）。

　①「就学前児童の保育」early childhood care & education（エデュケア）
　②「18歳未満の児童の保育」childcare work（ケアワーク）
　③「児童の保護者に対する保育に関する指導」（保育指導業務、技術体系としては保育相談支援）

　このように理解すると、2019（平成31）年度から導入される新保育士養成課程において中核となる科目（原理と内容）は、①については保育原理、保育内容総論、②については社会的養護Ⅰ、社会的養護Ⅱ、障害児保育、③については子ども家庭支援論、子育て支援となります。つまり、この7科目が新保育士養成課程において肝となる科目と言え、これが保育士の専門性の根幹となります。したがって、実習も、この3種の専門性に対応するものでなければならないわけです。保育者と言う場合、これに、教育専門職である幼稚園教諭が加わることとなります。

　では、実習では何を学ぶこととなるのでしょうか。保育所保育指針では、保育士の力量を倫理、知識、技術、判断の4点に整理しています。このなかでは、専門職としての価値や倫理が根底となります。それは、基底から、①対人援助職としての価値・倫理、②社会福祉援助職としての価値・倫理、③保育士としての価値・倫理と構造化されることとなります。教育専門職である幼稚園教諭は、①の上に位置付けられることでしょう。

　そして、それらを基盤として、専門的知識、専門的技術が獲得されていきます。まず、保育の知識、技術が基盤となり、その上に、保育相談支援の知識、技術が乗り、全体が構造化されます。そして、それらのすべてが統合された専門性が、そのときどきの「判断」として生きてくるのです。「判断」は、保育士の価値・倫理、知識、技術の総合展開として具現化する実践

行為と言えます。

　保育者の実習は、これらの専門性の構成要素のすべてを統合する営みと言えるでしょう。したがって、保育者の実習では、就学前保育、18歳未満児童のケアワーク、保育相談支援を中心とする保護者支援、幼稚園教諭実習の4種について、価値・倫理、知識、技術、判断の4つの専門性を総合的に、かつ、統合的に学ぶこととなります。

　次に、実際の実習はどのような体系になっているでしょうか。法令等によると、配属実習時間は、おおむね30日以上とされています。具体的には、2〜4年間で保育実習Ⅰ（4単位〔短期大学設置基準によると180時間〕、おおむね20日以上）、保育実習ⅡまたはⅢ（2単位〔同90時間〕、おおむね10日以上）、計6単位（同270時間）、おおむね30日以上とされています。もちろん、この基準を満たしていれば、あとは養成校のミッション等により幅があるのが現状です。私が主として担当している社会福祉士の相談援助実習と比較すると、配属実習期間は多いが、実習指導に充当する時間、特に「事後学習」配当時間が少ない、養成校における実習担当教員の要件が法令に規定されていない、実習指導の人数要件が規定されていない、実習を受け入れる施設側の実習指導者要件が法令に規定されていない、などの課題が想定されます。

　保育者の実習に固有の課題としては、就学前保育・教育の実習が重視されている、幼稚園教諭免許との同時取得が推奨されているため福祉職と教育職の価値・倫理の違いが不明確になりやすい、幼保連携型認定こども園における実習内容が示されていない、保育相談支援の実習が不十分、などの課題もありそうです。これらの課題は、実習のあり方に関するマクロレベルの課題と言えます。このほかにも、養成校のカリキュラム・マネジメントや実習の運営体制など、メゾレベルの課題も考えなければなりません。

　しかし、現実には、それらの課題を抱えつつも、日々の実習教育を進めていくことが必要とされます。そこでは、養成校現場の実習教育に関する様々なノウハウが、いわばミクロレベルの実践として積み重ねられています。本書は、このような保育者のための実習教育実践に関するノウハウの集大成を図ろうとするものです。本書では、事前学習、配属学習、事後学習と進む学生たちのそのときどきの悩み、葛藤や揺らぎを受け止めつつ、自らへの気付きや子ども理解、子ども援助、保護者支援のあり方について、学生たちが主体となって学ぶための手助けがなされます。具体的な学び方は、「本書について」で詳細に示されています。

　保育は、「養護と教育が一体となった営み」と言われます。養護とは、子どもの生きるエネルギーを尊重し、それをしっかりと受け止めることを言います。また、教育とは、自ら伸びようとするエネルギーを意図的に方向付けることと言えます。このことは、専門職養成にも言えることです。学生たちの学びたいというエネルギーを尊重し、しっかりと受け止めながら、その方向性を学生たちのレディネスに応じて提供していくこと、日々のこの2つが一体となった実践が、保育専門職の養成を着実なものにしていくことになるのだと思います。本書の内容には、こうした「保育」実践から導き出された専門職養成の極意がちりばめられています。

本書が多くの養成校教員、保育所、幼稚園、認定こども園、児童福祉施設等の配属施設・事業の実務家、そして、保育の仕事を目指す多くの学生たちに読まれ、そのことによって、わが国の保育が、子どもや保護者のよりよい支援につながることを願っています。

柏女霊峰

本書について

　保育者を目指して養成校に入学したあなたは、「実習」という言葉に、どんなイメージを持っていますか。「子どもに会えるのが楽しみ」という明るいイメージと不安がいっぱいという少し暗いイメージの両方があるかもしれません。未知の体験が待っているのですから、不安もあるでしょう。でもそれを自分が成長することへの期待に変えていきませんか。
　保育者になりたいという思いを「保育のドングリ」と呼ぶことにしましょう。
　そのドングリを大きな木に育てる物語の主人公はあなたです。その道は決して平坦ではなく、実習は、最初に出会う大きな山と言えるでしょう。その山を登って見えるのは、これまでにない新しい景色のはずです。一人一人がそれぞれの山を登ることができる力を実習指導の授業でつけていきましょう。
　実習に向かう道を歩み始める前に、少し立ち止まってみましょう。保育者を目指す課程で学んでいるみなさんは、それまでに育んできた基本的な資質・能力の上に、保育の専門性を重ねてきました。実習は、その専門性をより確かなものにするものですが、土台がゆらいだままでは、せっかくの実習を育ちの機会にすることができないでしょう。「幼児教育の父」と言われている倉橋惣三は、保育者養成の授業のなかで、「自分を中心としたわがままでいっぱいのときは子どもの心が受け入れられない」ことや「先生の自己評価が子どものなかに入っていく」ことなど、保育者自身の心もちや自我について多くを語っています。自分という土台を築き直し、実習でこそ学べる保育の専門性を理解して、子どもたちに出会える期待に満ちて実習に臨んでください。みなさんの実習が、それぞれの「保育のドングリ」を育ててもらえるかけがえのない体験になることを心から願っています。
　本書は、実習が保育者への夢を後押しする経験となるよう、保育・施設・幼稚園の３つの実習と実習指導を通して、保育者になる資質・能力を総合的に育むことを目指しました。その確かな向上を図るため、幼児教育から高等教育までを貫く「資質・能力の３つの柱」を踏まえた学習内容とし、未来の保育者の礎を築く構成にしました。特に配慮した点は、こども園の増加により幼保の実習園が重なる可能性も高まるなか、学生の目線から見て一貫性のあるものになるように実習指導を見直した点です。
　本書では、学習内容を「実習事前指導」と「実習指導・実習事後指導」の２つに分け、場に

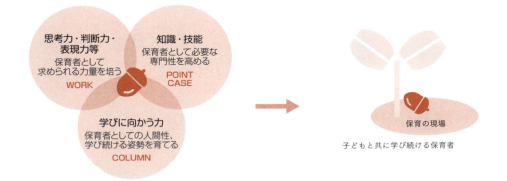

応じた判断力や本質を見極める思考力、実践に求められる表現力等の資質・能力を高める実習前の学習内容を前半の『Part1 保育のドングリを磨く──実習事前指導』とし、保育・教育実習指導教員の連携による指導が可能なようにしました。初年次教育にも活用できる内容です。そして、実習先によって必要となる専門的な知識については、後半の『Part2 保育のドングリを育てる──実習指導・事後指導』としました。実習を通して、将来にわたって保育の面白さを追及できる資質・能力を育んでほしいと思います。

　倉橋の保育者養成から着想した実習テキストが広く活用され、将来にわたって保育の面白さを追求できる資質・能力が育まれることを願っています。

槇　英子

保育者の資質・能力を育む 保育所・施設・幼稚園実習指導　目次

はじめに　3

本書について　6

Part 1 保育のドングリを磨く
実習事前指導

1　実習に必要な資質・能力の基盤を築く　14

step 1　自分を見つめる　14
- ▶ 1　保育者になりたかった自分を確かめる　14
- ▶ 2　保育者になるまでの自分の壁を知る　16
- ▶ 3　実習中に起きそうな出来事への対応を考える　19
- ▶ 4　実習で育つ自分をイメージする　22

step 2　これまでの学びと実習をつなげる　26
- ▶ 1　保育の本質・目的の理解と実習　26
- ▶ 2　子ども理解と実習　30
- ▶ 3　保育内容・方法の理解と実習　33
- ▶ 4　保育技能と実習　55

step 3　社会とつながる　59
- ▶ 1　社会人としての基本　実習の目的から考える　他者視点に立って考える　59
- ▶ 2　健康な体をつくる――日常生活での配慮　61
- ▶ 3　書類の作成　62
- ▶ 4　社会への参入　64
- ▶ 5　実習における倫理　守秘義務　個人情報　66

2 実習に必要な専門性を養う 68

step1 実習日誌を書く力をつける 68

- ▶1 実習とは何か　実習の目的と形態　現場で学ぶ　実習課題を持つこと 68
- ▶2 実習日誌の目的と留意点 70
- ▶3 時系列記録 72
- ▶4 エピソード記録 76
- ▶5 反省・評価 78
- ▶6 実習日誌、指導案に用いる用語 80

step2 指導案を作成する力をつける 82

- ▶1 指導案作成前後の流れ 82
- ▶2 指導案作成上の留意点 83
- ▶3 発達に応じた指導案 86

step 3 模擬指導で実践力をつける 107

- ▶1 部分指導　部分指導の模擬指導案の実際 107
- ▶2 課題活動の指導───一斉活動の模擬保育の実際 110
- ▶3 グループ討議から改善へ 116

step 4 直前準備 118

- ▶1 オリエンテーション 118
- ▶2 細菌検査・体調管理・生活技術 120
- ▶3 持ち物・服装・通勤 121

Part 2 保育のドングリを育てる
実習指導・事後指導

3　保育実習　124

step 1　実習までの学び　124
▶ 1　保育所保育の理解　124

step 2　実習での学び　126
▶ 1　保育実習の目的　126
▶ 2　ある保育所での実習生の1日（2歳児クラス・5月）　128

step 3　実習後の学び　129
▶ 1　保育実習を振り返る　129

4　施設実習　131

step 1　実習までの学び　131
▶ 1　なぜ施設実習があるのか？　131

step 2　実習での学び　133
▶ 1　ある施設での実習生の1日　133

step 3　実習後の学び　135

5　幼稚園実習　137

step 1　実習までの学び　137

- ▶1　幼稚園教育を理解する　　137
- ▶2　各幼稚園の特徴を理解する　　138

step 2　実習での学び　139

- ▶1　幼稚園実習の目的　　139
- ▶2　ある幼稚園での実習生の1日　　139
- ▶3　幼稚園での責任実習　　141

step 3　実習後の学び　142

- ▶1　幼稚園実習を振り返る　　142
- ▶2　幼稚園実習での学びを活かす　　144

6　実習から保育者へ　145

step1　実習を振り返る　145

- ▶1　実習を語り合い整理する　　145
- ▶2　実習での学びを磨く　　147

step 2　実習での学びを深める　148

- ▶1　保育者の倫理について考える　　148
- ▶2　保育者の専門性について考える　　151
- ▶3　実習での学びを育てる　　154

step 3　就職活動に向けて　154

- ▶1　保育現場を歩く　　154
- ▶2　保育の仕事の現状とこれから　　158

おわりに　162
参考・引用文献　163
監修者・編著者紹介　165
執筆担当　166

Part 1
保育のドングリを磨く
実習事前指導

「保育のドングリ」は「保育者になりたい」という気持ちです。素朴な思いをほんものにしていくためには、その気持ちを磨きあげる学びが必要です。Part1では、実習前に確かなものにしておきたい2つのステージ、「必要な資質・能力の基盤を築く段階」と「必要な専門性を獲得する段階」を、それぞれに設定された階段のステップを上りながら、クリアーしていくことを目指します。

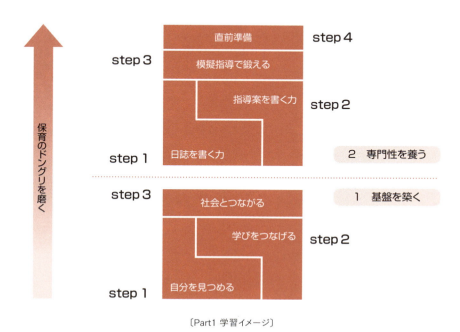

〔Part1 学習イメージ〕

1

実習に必要な資質・能力の基盤を築く

　「保育のドングリ」を磨く第一歩は、まず、保育者に憧れた自分を思い出し、今の自分と向き合うことです。憧れと現実の間の距離を理解し、保育を志す気持ちと実習に臨む気持ちとの溝を少しずつ埋めていきましょう。

 ## 自分を見つめる

　　　　　　　　　　　　　　　　　　　　学習期間　　年　　月～　　年　　月

▶1　保育者になりたかった自分を確かめる

　みなさんは保育者に「どうしても」なりたいと思っていますか？　「できれば」でしょうか。「なんとなく」という気持ちで選んだ進路である場合もあるでしょう。見つけた「保育のドングリ」は小さかったかもしれませんが、これからいくらでも大きくしていくことができます。
　それでははじめに「保育のドングリ」を見つけたときのことを思い出してみましょう。

　「保育のドングリ（保育者になりたい気持ち）」を見つけた場所は？

　「保育のドングリ」と自分のライフステージの帯を線で結んで、そのときの気持ちを枠の中に書いてみましょう。

●------●------●------●------●------●------●
誕生　幼少期　学童期　　　中学校　　　高等学校　　「今」「これから」

1 実習に必要な資質・能力の基盤を築く

次に、「幼児期の自分」と「なりたい自分」に向き合ってみましょう。

 幼児期の自分を思い出そう

枠の中に幼児期のイラストを描くか写真のコピーを貼り、周囲の吹き出しにどんな子どもだったかを書きましょう。

好きなこと・好きなもの

幼児期のエピソード

嫌いなこと・嫌いなもの

 憧れの保育者像を描いてみよう

幼児期に出会った素敵な保育者やどんな保育者に出会いたかったか、なりたいと思うかをイメージして、輪郭にイラストを描き加え、吹き出しには文字を書き加えましょう。

イラストや写真を貼ってもよい

上のような保育者像を表現した理由を考え、自分の幼児期を振り返ったうえで、具体的に目指す方向や自分に必要な学びについて書いてみましょう。

15

▶ 2　保育者になるまでの自分の壁を知る

　保育者への第一歩と目指す方向が少し見えてきたところで、そこに至るまでに出会う壁について考えてみましょう。実は、実習までの学習、実習そのもの、実習から就職への道のりをスムーズに進んで行くのは容易ではありません。誰もが一度は進路に対する迷いや大きな壁を感じることがあると言ってもよいくらいです。それは必要な経験である場合もあり、乗り越えることで成長することもできるのですが、過度に不安に感じたり、夢の断念につながってしまうのは避けたいことです。

　まず、課題となると考えられることを書き出し、不安に思う自分を受け入れることから始めましょう。記入後にグループで話し合ってみてください。

 不安な自分を受け入れる

　保育者への道を歩むことに不安を感じ、課題だと思っていることを書き出して、グループ討議後に感想を書きましょう。

	内容	どんな不安を感じていますか？	グループ討議後の感想
適正	保育士という職業		
自己課題	健康面、生活面など		
基礎力	人間関係力、積極性など		
	授業や基礎学力		
専門性	子どもの理解		
	保育技術（遊びや絵本など）		
	計画力や指導力		
その他			

壁に気付いたから壁を乗り越えられた

　実習は自分と出会う場だと思います。
　ある学生は、最終年度の実習を終えて進路に迷いが生じました。就職活動に全く身が入らず、他の学生が次々決まっていくなか、年を越しても受験の意欲も湧かない様子です。最終的に、児童養護施設でまだ募集があることを知った教員に勧められ、卒業直前に就職を決めました。そこで施設保育士の重要性に改めて気付かされ、思い切って公務員試験を受け、今は児童相談所の保育士として勤務しています。夜間勤務もあり、激務ではありますが、絶対やめずに働きたいと言っています。
　このように、つまずきや迷いは、長い目で見てマイナスになるとは限りません。不安や迷いを乗り越えて成長していくのが学生時代です。

　不安は簡単には解消されないかもしれませんが、同じ道を目指している仲間がいて、それを乗り越えた先輩がいることを感じることができたのではないでしょうか。
　ところで保育者の養成段階で必要なものは何だと思いますか？　全国保育士養成協議会のホームページには様々な研究結果の報告がありますが、そのなかには、実習先の先生方に対して、「養成校での学びについての要望」（文部科学省、2002）を調査した結果も掲載されています。また、文部科学省の「幼稚園教員の資質向上について」の報告書には、養成段階での課題について書かれています。それらを調べてみると、以下のようなキーワードが導き出されます。ぜひ、自分自身の課題と照らし合わせてみましょう。

 保育者の養成段階で何が求められているか

★社会人基礎力
　経済産業省が2006年から提唱しているもので、「人間性」や「基本的な生活習慣」を基盤とした、「前に踏み出す力（アクション）」「考えぬく力（シンキング）」「チームで働く力（チームワーク）」の3つの力と、それらを構成する「主体性」「働きかけ力」「実行力」「課題発見力」「計画力」「想像力」「発信力」「傾聴力」「柔軟性」「状況把握力」「規律性」「ストレスコントロール力」の12の能力要素からなるもの。すべての活動の基盤であり、基礎学力、専門知識と循環しながら成長していくとされている。

★コミュニケーション力
　保育者には特に求められる力。子どもとだけではなく、保育者間、保護者との間にも必要とされている。

★豊かな経験
　生活体験や自然体験、社会奉仕体験など、現場で必要となる体験の不足が見られる。

★保育士基礎力
　実習日誌や指導案の書き方などを学んでくるだけではなく、実習に対する心構えや意欲など、実習生としての質の保障が求められている。

★実践力・得意分野の素地
　多様な体験を基礎に、特技や関心を深めておくことや現場での実践を経験する機会を持つことが必要とされている。

Part 1 保育のドングリを磨く――実習事前指導

 自己課題に気付く

前述の保育者の養成段階で求められるものから自己課題を見つけ、そのなかで取り組んでみたいものを選び、どんな取り組みができるかを考え、記入内容をグループ内で発表し合いましょう。

自己課題となるもの	力をつけるために取り組みたいこと

もちろん、そのすべてを実習前に獲得すべきというわけではありませんが、現場に出る直前になって準備をして間に合うものは1つもありません。実習生として現場に立つ日を迎える前に、将来を見据えて、今何をしたらよいかを考え、日々の生活をもう一度見直し、自分磨きを始めましょう。

 実習生に求められる姿勢
――実習先は学びの宝庫です

　実習は直接子どもや保育者と関わったり、保育準備や環境整備などに参加したりしながら、保育の楽しさや理解を深めることができる貴重なチャンスの場です。この時を有効に過ごさないともったいないですね。そのためには実習課題を明確に設定することが大切です。そして、自問自答をしながら保育を観察していきましょう。たとえば「この子は今どんな気持ちでこうしているのだろう」「保育者はどうしてこのように関わっているのだろう」「保育者は子どもにどんなことを経験させたいと思っているのだろう」などと考えながら観察していくと、様々な場面で多くの気付きや学びを得ることができます。そして自分も「このように声をかけてみたら子どもはどうするだろう？」など、試行錯誤しながら子どもと関わってみましょう。
　このように実習先が実習生に望むことは傍観的で受け身であることより、積極的に関わって小さな気付きや驚き、感動などをたくさん味わい、学びにつなげていこうとする姿です。忙しそうな保育者にいつ声をかけたらいいのか戸惑うこともあるかもしれませんが、疑問に思ったことはどんどん質問をしてみましょう。たとえ、そのときに対応できなくても、後に時間を作って答えてくれるはずです。そして、保育者の役割や仕事内容なども観察や体験を通して知ろうとする姿は、保育者にとっても嬉しいものです。子どもの育ちを支えるために、ときには厳しい指導を受けることもあるかもしれません。しかし、それはありがたい指導であると受け止めましょう。どんなときも保育者は、いずれ保育に携わるこれからの力に期待をし、応援をしていることを忘れないでください。

▶3　実習中に起きそうな出来事への対応を考える

　実習は、保育者への道に立ちはだかる大きな壁の1つとも言えるでしょう。実習に対する不安を軽減するために、実習中に起きそうな出来事を事前に予想して対応を考えてみましょう。それは、実際の場面での対応を円滑にすることにもつながるでしょう。

　ここでは、どの実習でも起きそうな共通の問題について考えてみます。一般的には、①園や保育者（施設や職員）との関係、②子ども（対象者）との関係、③実践力（業務内容の理解・遂行、専門的知識）、④柔軟性（予期せぬ事態への対応、ヒヤリハットなど）、⑤自己管理（体調やマナー、身だしなみ）などが課題となると考えられています。

 こんなときどうする？

　具体的な事例としてあげた内容について、空欄に自分なりに考えたことや解決法などを記入し、記入後にグループ討議を行い、考察を記入しましょう。

	予想される事例や不安	自分なりの考え	グループ討議後の考察
園（施設）や保育者（職員）との関係	朝と帰りの挨拶の仕方がわからない		
	質問をしたくてもうまく話しかけられない		
	どのように評価されるのかと考えてしまう		
子ども（対象者）との関係	どの子どもと遊んだらよいかわからない		
	目の前で転んで怪我をしてしまった		
	子どもの名前を間違えてしまう		

Part 1 保育のドングリを磨く──実習事前指導

	予想される事例や不安	自分なりの考え	グループ討議後の考察
実践力 （業務内容の理解・遂行や専門的知識）	日誌が書き終わらない		
	子どもをひきつけることができない		
	ピアノの伴奏がとまってしまう		
自己管理 （体調・マナー・守秘義務等）	実習期間中、体調不良になってしまう		
	持病があり投薬の必要がある		
柔軟性 （ハプニングへの対応、ヒヤリハット）	交通機関の乱れで遅刻をしてしまう		
	指導案通りに保育が展開せず、次に何をすべきかわからなくなる		
他に不安なこと			

指導案通りにいかない！　どうしよう！

　幼稚園での責任実習で、ビニール袋を使ってパラシュート制作を行いました。活動を行う前に子どもたち全体に向けて簡潔に作り方を説明し、説明時には制作途中のビニール袋を提示して、視覚でもパラシュートの作り方が理解できるように工夫しました。しかし、実際に制作に取りかかってみると、作り方がよくわかっていない子どもが予想以上に多く、「これで合っているの？」と確認を求める行例ができてしまい、目の前の子どもの援助に追われてしまいました。そのために、パラシュートが完成した子どもへの関わりが不十分になってしまい、全員が何とか作り終えるだけで、昼食の時間になってしまいました。早く作り終えた子どもを待たせてし

まい、せっかく作ったパラシュートを飛ばして遊ぶ楽しさを味わわせることができなかったことで、実習生はすっかり気落ちしてしまいました。

食事中、担任の先生からのアドバイスもあり、食後の室内遊びの計画を少し変更して、作ったパラシュートを思い思いに飛ばしたり、友達同士互いに見合ったりする時間を確保するようにしました。子どもたちはパラシュートを飛ばして、どのように投げると高く飛んでいくか、工夫しながら生き生きと遊んでいる姿が見られました。

子どもの気持ちに寄り添うことができて、ホッとした実習生でしたが、指導案立案の際の見通しの甘さを反省し、次回に活かすことにしました。

このような出来事は、ほとんどの実習生が体験すると思います。結果的には担任の先生からのアドバイスで、子どもたちの遊びたいという思いに応えることができ、むしろ成長につながる体験になりました。ただし、午後変更ができなかった場合は「失敗」と感じて残念な思いが強く残ってしまったのではないでしょうか。この事例では、担任の先生との関係性が作れていたこと、計画を変更できる柔軟性があったことなどがポイントでした。実習中の出来事を「失敗」ではなく「学びの体験」とするためにはどうしたらよいか、ワークを振り返りながらもう一度考えてみましょう。

また、実習前の漠然とした不安にも、実習に行って解消する不安と事前の努力によって改善できる不安があります。それについても整理し、事前に解消できる不安については、軽減するための計画を立てておきましょう。

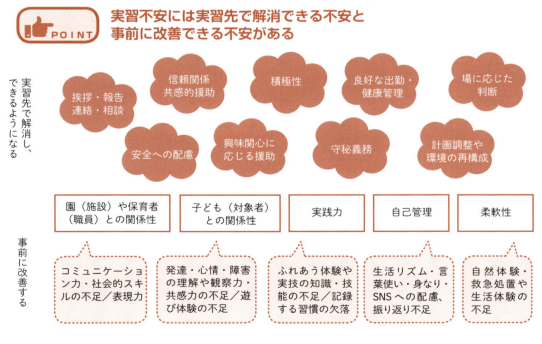

小佐々・城戸・鈴木（2018）を参考に作成

▶4　実習で育つ自分をイメージする

　これまでの学習で、実習に対する不安について考え、しっかりと準備することによって軽減できることがわかってきました。そして何より実習は、授業では獲得できない多くの学びが待っている成長の機会もあります。

 実習生のKくんが先生になった日

　KくんはW保育園で保育実習を行いました。
　はじめの1週間は、0歳児から5歳児までのクラスに年齢順に入り、次の1週間は、1つのクラスで継続した実習を行います。Kくんは、迷わず3歳児クラスを選びました。なぜなら、子どもたちが自分のことを一人でしようと頑張っている姿や、ぶつかり合いながらも仲間と一緒に遊びを楽しんでいる姿に、生き生きとした子どもらしさを強く感じたこと、そして担任のY先生が、子ども一人一人に向ける温かなまなざしと、子どものやる気を引き出すような適切な関わりに、自分もこんな保育士になりたいと、魅力を感じたからでした。
　Kくんは、クラス全員の名前を覚え、子どもたちのなかに飛び込んで遊びました。トラブルが起きたときは、行動の奥にある子どもの思いを大切にしながら対応し、子ども理解に努めました。子どもたちはそんなKくんを大好きになり、「お兄さん先生」と呼びました。
　実習最後の日、Y先生は、おやつの時間におわかれ会を開いてくれ、子どもたちから似顔絵のプレゼントがありました。そのとき、Y先生はM子の様子がいつもと違うのに気付きました。検温すると38.5℃あります。すぐに保護者へ連絡し、職員室の奥にある医務室で迎えを待つことになりました。するとM子は、「待っている間、お兄さん先生にそばにいてもらいたい」とY先生に伝えたのです。
　Y先生は、M子の気持ちを受け入れました。Kくんは医務室にて園長先生の見守りのもとで、M子の額を冷やし、「すぐにお迎えが来るから大丈夫だよ」と不安を取り除くように言葉をかけました。Kくんはこのとき、本当の先生になったような気持ちになりました。

　実習生が未熟であるのは当然のことです。それでも実習中は「先生」なのです。実習で問われるのは「専門性以上に人間性」とも言えるのではないでしょうか。その日のために今できることの1つは、読書です。自分の保育観を確かなものにする1冊に出会うことです。

 愛読書を見つけよう

　保育者としての資質は、何を通して高められるのでしょうか。知識を増やし技能を高めるだけでは思考力や判断力を鍛え、意欲を高めることはできません。以下の推薦図書や授業で勧められた本を参考に、保育の世界に足を踏み入れることが楽しみになる「愛読書」を探しましょう。読後にグループで本の紹介をし合いましょう。

子どもの世界を感じ、保育を理解するための推薦図書

- 『育ての心（上・下）』倉橋惣三著、フレーベル館、2008 年
- 『子ども・保育・人間』汐見稔幸著、学研プラス、2018 年
- 『保育の心もち』秋田喜代美著、ひかりのくに、2009 年
- 『遊びを中心とした保育──保育記録から読み解く「援助」と「展開」』河邉貴子著、萌文書林、2009 年
- 『子どもの世界をどう見るか──行為とその意味』津守真著、NHK 出版、1987 年
- 『幼児期──子どもは世界をどうつかむか』岡本夏木著、岩波書店、2005 年
- 『保育援助論』小川博久著、萌文書林、2010 年
- 『センス・オブ・ワンダー』レイチェル・カーソン著、上遠恵子訳、新潮社、1996 年
- 『子どもとあそび──環境建築家の眼』仙田満著、岩波書店、1992 年
- 『子どもは描きながら世界をつくる──エピソードで読む描画のはじまり』片岡杏子著、ミネルヴァ書房、2016 年
- 『幼児教育へのいざない──円熟した保育者になるために［増補改訂版］』佐伯胖著、東京大学出版会、2014 年
- 『いやいやえん』中川李枝子作、大村百合子絵、福音館書店、1962 年
- 『ごっこ遊び──自然・自我・保育実践』河崎道夫著、ひとなる書房、2015 年
- 『子どもがひとり笑ったら…』小西貴士著、フレーベル館、2015 年
- 『幼児教育のデザイン──保育の生態学』無藤隆著、東京大学出版会、2013 年
- 『造形あそび──"体験"が感性を育む』深谷ベルタ著、風鳴舎、2018 年
- 『遊びを育てる──出会いと動きがひらく子どもの世界［増補新装版］』野村寿子・佐々木正人著、那須里山舎、2018 年
- 『子ども心と秋の空──保育のなかの遊び論』加用文男著、ひとなる書房、1990 年
- 『子どもがあそびたくなる草花のある園庭と季節の自然あそび』大豆生田啓友著、フレーベル館、2014 年
- 『みんなの育ちの物語──子どもの見方が変わる』井桁容子著、フレーベル館、2011 年
- 『大人が子どもにおくりとどける 40 の物語』矢野智司著、ミネルヴァ書房、2014 年
- 『発達障害の子どもたち』杉山登志郎著、講談社、2007 年
- 『〈子どもの虐待〉を考える』玉井邦夫著、講談社、2001 年

　推薦図書としても取り上げた『育ての心』を著した倉橋惣三（1882-1955）は、日本の幼児教育の父と呼ばれています。若い頃には海外で心理学を学び（1919-1922）、後に幼稚園の主事（園長）を務め、子どもとも関わりながら東京女子高等師範学校（現お茶の水女子大学）で「保育法」などの授業を担当し、保育者養成にも長年携わりました。当時の学生たちは実習生として各クラスに所属し、年間を通じて保育現場に通っていたそうです。そんな学生たちに対して、保育に関する様々な知識や保育方法について講義すると同時に、人間を見つめる姿勢と豊かな人間性を求めていました。

倉橋惣三が学生に語った言葉（1934年）

倉橋惣三が行った講義を知る手がかりとして、2つの講義録が残されています。ここでは、「児童心理」の講義で学生に向けて語ったと思われる内容を取り上げます。

〈倉橋惣三「児童心理」講義録より〉

- 他人の気持ちを解釈することは難しい。こっちの気持ちで他を解釈することは間違いである。大人の気持ちで子どもを解釈することは間違いである。優しい横暴である。
- 人を攻撃していく人、何とか人についてゆく、人が話をしていても黙っている、自己防御、かくれていて威張っている。幼稚園の先生に一番いけないのは自己防御性である。子供にも自己防御性はいけない。自己防御をしてる人は自分で苦しい。それを救ってやるとそれで楽になる。
- 幼児の生活において、先生がどれだけ真実な評価をし、真実の表わし方をするか、これは実に大切なことである。それほど先生とはあの子供の中にあるものである。
- 子供が得意なときには先生も本当に得意になればいい。先生の自己評価が子供の中へ入っていく。
- 社会を離れて人間なし。そういう現代教育の考えを、あらゆる階級の教育で行う。そういう意味において教育するその最初が実に実に幼児期にある。
- 幼児教育は社会性の教育である。社会性は本来的なものであると充分感じていないと、この重大なる社会性の教育を行い得ない。これは形ではない。心持ちである。むくむくと湧く人間的な気持ちを汲みとることができるかどうか。同時に心持ちは心持ちでつかむより他にない。だから、もしこっちがその心持ちを持っていないとその心持ちはわからない。保母は個人として聖人君子であることを望むが、その人が社会的人間的であるということが大切である。
- 高等女学校あたりでいう社会性訓練は集団的社会的規律。これが一種の公民教育となる。幼稚園のは、こう解釈しては適当でない。
- 幼稚園などでは心持ちの奥底における社会的なものを養うことである。社会的の形に重きをおき過ぎると、心持ちが養われない。
- Testは縦の違いを調べるとともに、横の違いも調べる。Testによってその子が他の子と違うところ、否、むしろ〈普通〉というものから違うところを知り得るのであるが、それだけがその子じゃない。その子はどこまでもその子である。

川上須賀子他（2017）

昔の言葉使いをノートに書き留めたものなので、読み取りにくいかもしれませんが、今のみなさんにとっても、保育と自分に向き合う糧になるのではないでしょうか。

　こうして100年以上続いてきた保育者養成の流れの先端にみなさんがいるということ、高い専門性が求められる保育者への道を歩み出したことに誇りを持って、さらに学びを進めていきましょう。

　これまで学んできたように、実習はゴールではありません。どんな学びをいつ始め、いつ深めるのか、就職して保育者として育つことまでを視野に入れて「自分の育ちのイメージ」を描いてみましょう。

1 実習に必要な資質・能力の基盤を築く

 実習前と実習中、実習後の学びの予定表をつくろう

それぞれの実習名と時期を記入し、学びの流れの線と結びましょう。学びの時期を●で示し、例のように重点的に学ぶ期間を→で表し、具体的に何に取り組むかを書き込みましょう。

学びの要素	学びの流れ 入学 → 資格・免許取得								具体的な取り組み計画（ボランティア、練習、授業の復習、読書等）
	年次 実習① ( )	月	年次 実習② ( )	月	年次 実習③ ( )	月	年次 実習④ ( )	月	
（例）身だしなみ・生活習慣の改善			→						2年次になったら早朝の保育補助のアルバイトをする
挨拶・言葉使いへの配慮									
生活体験									
自然体験									
子どもとのふれあい体験									
絵本の世界を味わう体験									
伴奏の技能や歌唱力									
児童文化財や遊びのバリエーション									
子どもの発達の理解									
子どもの多様性の受容									
言語表現力（人前で話す）									
身体表現力									
日誌を書く国語力									
振り返る力改善する力									
とっさの判断力柔軟な対応力									
人間性の向上保育観の醸成									

Part 1 保育のドングリを磨く——実習事前指導

step2 これまでの学びと実習をつなげる

学習期間　年　月〜　年　月

　ここで、これまで受講してきた専門科目を振り返ってみましょう。実習に役立つ学びをたくさんしてきたはずですが、授業での学びが実習にどのようにつながるのかを一緒に考えていきましょう。

▶ 1　保育の本質・目的の理解と実習

❶　保育原理・教育原理を踏まえた実習

1) 理論と実践をつなげる

　みなさんは保育者養成校に入学して以来、保育に関係する様々な科目を履修してきたことと思います。実習は、養成校で学んだこと（理論）と、現場で行われていること（実践）をつなげる機会です。そのため、実習の前にはこれまでの学びを振り返っておくとよいでしょう。その1つの試みとして、教育原理や保育原理などで学んだ保育の概念、幼稚園や保育所における保育を規定するものなどについて確認したいと思います。これらを再確認することでそれぞれの施設で行う実習の意義が明確になり、実習における深い学びにつながっていきます。

2) 保育の概念について

　保育という言葉について確認してみましょう。なぜなら保育という語は制度的に使われる場合と、現場で使われる場合とでは意味合いが異なるからです。

　制度的な側面が強調される場合には、学校教育制度の枠組みにある幼稚園では「学校教育（幼児教育）」が行われ、児童福祉制度にある保育所では「保育」が行われ、そして両制度をまたぐ認定こども園では「学校教育と保育」が行われていると言われます。

　しかしながら、実際には幼稚園は学校教育法によって幼児を「保育」することが目的とされています。また保育所保育指針においては、保育は養護と教育とが一体した営みであるとされ、さらに保育所は「幼児教育」を行う施設であることが明記されています。このように幼稚園、保育所および認定こども園は、それぞれが歴史的に担ってきた役割や制度は異なっていますが、それぞれがともに保育そして幼児教育を行っている施設と言えます。

　現場では、幼稚園教諭であっても、保育士であっても、保育教諭であっても、自らの子どもたちへの働きかけを幼児教育というよりも保育と呼んでいます。また自ら保育を担う者として、幼稚園教育要領において使われている教師ではなく、保育者と称するのが一般的です。

それでは保育とはどのような営みなのでしょうか。保育所保育指針では、すでに述べたように、保育とは養護と教育が一体化したものであると説明しています。養護とは生命の保持と情緒の安定を示し、教育とは発達の支援としています。保育は、その対象が、人生の最初の発達段階にある乳児や幼児であることから、小学校以上の教育とは異なり、保育者が園における生活や遊びのすべてのなかで、子どもに寄り添い、受容していくなどの配慮をしながら、そのときどきの発達を考えながら働きかけることを意味していると言えます。このことから、幼児の保育を行う幼稚園においても同様な営みが行われていると言えるのです。こうしたことを念頭において実習に取り組んでみましょう。

「幼稚園教育要領」「保育所保育指針」「幼保連携型認定こども園教育・保育要領」の理解と実習

　幼稚園の教育課程（カリキュラム）や保育内容については、文部科学大臣が公示する「幼稚園教育要領」によるものとされています。また、保育所における保育の基本となる考え方や保育内容（5領域等）、そして保育所の運営に関することについては厚生労働大臣が定める「保育所保育指針」に従うものとなっています。幼保連携型認定こども園にも「幼保連携型認定こども園教育・保育要領」があり、それに基づいて保育することが求められています。これらをまとめて保育関係「三法令」と呼ばれます。幼稚園、保育所、認定こども園における保育は「三法令」に基づくことが求められています。実習に入る前には、「三法令」とその解説書に目を通しておきたいものです。

　「三法令」では、3歳以上の保育の「ねらい（育みたい資質・能力を子どもの姿から捉えたもの）」と「内容（ねらいを達成するための望ましい経験）」を5つの領域として示しています。

〈保育の5領域〉
①健康…健康な心と体を育て、自ら健康で安全な生活をつくり出す力を養う。
②人間関係…他の人々と親しみ、支え合って生活するために、自立心を育て、人と関わる力を養う。
③環境…周囲の様々な環境に好奇心や探究心をもって関わり、それらを生活に取り入れていこうとする力を養う。
④言葉…経験したことや考えたことなどを自分なりの言葉で表現し、相手の話す言葉を聞こうとする意欲や態度を育て、言葉に対する感覚や言葉で表現する力を養う。
⑤表現…感じたことや考えたことを自分なりに表現することを通して、豊かな感性や表現する力を養い、創造性を豊かにする。

　「三法令」は時代の移り変わりや子どもを取り巻く環境の変化に伴ない、おおむね10年ごとに改訂され、その内容が刷新されています。
　2017（平成29）年には、はじめてこの3つが同時に改訂されました。それぞれを所管する文部科学省、厚生労働省、内閣府における担当者間において、すりあわせが行われたことによって、3歳未満児の保育内容については保育所と認定こども園、また3歳以上児の保育内容については幼稚園、保育所と認定こども園の整合性が図られました。
　改訂によって、3つの施設がすべて「幼児教育をおこなう施設」として位置付けられ、それぞれが「共有すべき事項」を示しました。そのなかで幼稚園、保育所および認定こども園においては、「生きる力の基礎」を培うため3つの「資質・能力」を一体的に育むものとされました。

〈資質・能力〉
①豊かな体験を通じて、感じたり、気付いたり、わかったり、できるようになったりする。
　　　　　　　　　　　　　　　　　　　　　　　　　……「知識及び技能の基礎」
②気付いたことや、できるようになったことなどを使い、考えたり、試したり、工夫したり、表現したりする。　　　　　　　　　　　　　　……「思考力、判断力、表現力等の基礎」
③心情、意欲、態度が育つなかで、よりよい生活を営もうとする。……「学びに向かう力、人間性等」

　また「三法令」では「幼児期の終わりまでに育ってほしい姿」（「10の姿」）を示しました。保育内容の5領域を整理して、5歳児後半くらいまでに育ち、重点的に育てようとする姿があげられています。この育ってほしい姿は、小学校との接続が視野にあり、主体的な遊びを通して子どもたちに何が育っていくのか、小学校関係者にわかりやすくする意図が込められています。しかし、5歳児の終わりまでに必ず育てなければならい到達目標としてではなく、あくまでも方向目標として理解する必要があります。

〈幼児期の終わりまで育ってほしい姿〉
①健康な心と体　②自立心　③協同性　④道徳性・規範意識の芽生え　⑤社会生活との関わり　⑥思考力の芽生え　⑦自然との関わり・生命尊重　⑧数量や図形、標識や文字への関心・感覚　⑨言葉による伝え合い　⑩豊かな感性と表現

幼稚園・保育所・こども園の実態と実習

　同じ保育を行う施設であっても幼稚園、保育所および幼保連携型認定こども園は制度が異なります。みなさんがこれから実習に行くそれぞれの施設の制度はどのようになっているのでしょうか。以下、保育所、幼稚園、認定こども園の比較表をつくり、それぞれの制度について理解を深めましょう。

	幼稚園	保育所	幼保連携型認定こども園
①所管省庁（管轄） ＊国レベルではどこがコントロールしているでしょう。	・（　　　　　）省	・（　　　　　）省	・内閣府 ・文部科学省 ・厚生労働省
②根拠法令（法律）	・（　　　　　）法	・（　　　　　）法	・子ども・子育て支援法 ・就学前の子どもに関する教育、保育等の総合的な提供
③施設の区分 ＊それぞれどのような「制度」でしょうか。	・学校	・児童福祉施設	・学校 ・児童福祉施設

④目的 ＊②の法律をもとに記入してみましょう。	・幼稚園は、義務教育およびその後の教育の基礎を培うものとして、幼児を（　　）し、幼児の健やかな成長のために適当な環境を与えて、その心身の（　　）を助長することを目的とする。	・保育所は、（　　）を必要とする乳児・幼児を日々保護者のもとから通わせて（　　）を行うことを目的とする施設（利用定員が20人以上であるものに限り、幼保連携型認定こども園を除く。）とする。	・「幼保連携型認定こども園」とは、義務教育およびその後の教育の基礎を培うものとしての満3歳以上の子どもに対する教育並びに保育を必要とする子どもに対する保育を一体的に行い、これらの子どもの健やかな成長が図られるよう適当な環境を与えて、その心身の発達を助長するとともに、保護者に対する子育て支援を行うことを目的として、この法律の定めるところにより設置される施設をいう。
⑤対象児	・満（　　）歳から就学前の幼児	・（　　）を必要とする乳児および幼児	・0歳〜就学前のすべての乳児および幼児
⑥保育時間間・開設日数	・1日の「教育」時間は（　　）時間を標準とする。 ・毎学年の「教育」週数は、原則として（　　）週を下ってはならない。	・原則として1日8時間であるが、その地方の乳幼児の保護者の労働時間、その他家庭状況などを考慮して保育所長が定める。 ・延長保育、夜間保育も実施	・1日の「教育」時間は4時間を標準とする。 ・毎学年の「教育」週数は、原則として39週を下ってはならない。 ・保育を必要とする子どもに対する保育時間は1日に8時間が原則
⑦保育内容の基準	・幼稚園教育要領	・保育所保育指針	・幼保連携型認定こども園教育・保育要領
⑧設置者 ＊どこが設置するのでしょうか。	・国〔（　　）立〕 ・地方公共団体〔（　　）立〕 ・学校法人〔（　　）立〕	・地方公共団体（公立） ・社会福祉法人（私立） ・学校法人、NPO、宗教法人、株式会社など（私立）	・地方公共団体 ・学校法人 ・社会福祉法人
⑨入所の時期	・満3歳の誕生日以降（年度はじまりの4月が一般的）	・（　　）を必要とする状況が発生したとき	・年度途中随時入園（年度はじまりの4月が一般的）
⑩職員配置基準	・1学級あたり教諭1人（1学級の幼児数は、35人以下が原則）	・0歳児（　）人に保育士1人 ・1、2歳児6人に保育士1人 ・3歳児（　）人に保育士1人 ・4、5歳児30人に保育1人	・0歳児（　）人に保育教諭1人 ・1、2歳児6人に保育教諭1人 ・3歳児（　）人に保育教諭1人 ・4、5歳児30人に保育教諭1人
⑪保育に当たる職とその資格	・教諭 （　　　　　　） を有する者	・保育士 （　　　　　　　） を有する者	・保育教諭 （　　　　　　）および （　　　　　　　） を有する者

Part 1 保育のドングリを磨く――実習事前指導

▶ 2 子ども理解と実習

　保育者を目指すみなさんは、どのような保育者になりたいでしょうか。きっと、子どもの気持ちを理解できるような保育者になりたいと、誰しもが思っているのではないでしょうか。子どもの気持ちを理解できる、子どもに寄り添うことができる……そのような保育者になるためには、「子ども理解」を意識しながら実習することが近道です。

 子どもの遊びから子ども理解を深める

　5歳の子どもたちが遊んでいる場面を見てみましょう。
　砂場で穴を掘ってビーム菅を埋めようとしているAちゃんたち。夢中になっている様子が3人の横顔から感じられます。何が面白くてあんなに一生懸命になっているのでしょう？
　Bちゃんは鉄棒につかまって遠くを見て動きません。跳びあがるタイミングを計っているのでしょうか？　あるいは今ひとつ勇気が出ないのでしょうか？
　Cちゃんは遅く登園してきました。Dちゃんたち5人が昨日の続きの「劇場ごっこ」を始めていて、昨日はひらひらスカートを作ろうって約束していたのに、今日はチケット作りをしています。Cちゃんは「違うよ」と言いますが、Dちゃんたちは「いいの」と言って無視しています。Cちゃんが大声で泣き出しました。互いの思いがすれ違ったことからどうしたら、いいのかわからなくなったのでしょうか？
　Eちゃんはミミズを手の平にのせて話しかけています。そこへFちゃんが来て「ミミズは人間と違うよ」と言います。Eちゃんは「人間もミミズもおんなじだよ、生きているもん」、Fちゃんは「人間は歩けるし、ミミズは歩けない」と言ってにらみ合ってしまいました。
　このように子どもたちは遊びという体験を通して様々なことを感じ、考え、ときに迷ったり、友達とぶつかり合ったりしています。保育者にはそんな子どもたち一人一人の思いや状況を理解し、寄り添って、次の成長に向けて適切な援助をしていくことが求められています。

❶ 子ども理解を踏まえた実習

　実習生として実習に臨む際に、子ども理解を踏まえるとはどのようなことなのでしょうか。まず、子どもと出会い、関わるなかで「子どもを肯定的に見る」ことを意識してみましょう。私たちは、日頃から子どもの問題点が目についたりすることが多いと思います。しかし、子どもの育ちつつある面やその子どものよさに目を向けることで、同じ子どもでも捉え方が変わってくることがあります。子ども一人一人を肯定的に捉え、その子どものよさや可能性を見つけてみましょう。次に「活動の意味を理解しようとする」ことを意識してみましょう。一人一人の子どもがどのようなことに興味や関心を持ち、何をしようとしているのか、何につまずいているのかといった視点を持ちながら、周囲の状況や時間の前後のつながりなど、観察したことを思い出しながら理解を深めるとよいかもしれません。さらに、一人だけに着目したり、クラス全体だけに着目するのではなく、個々を見る目と集団を見る目を持ち「集団と個の関係に着目する」ことを意識してみるとよいでしょう。また、保育者がどのように子どもを捉えている

1 実習に必要な資質・能力の基盤を築く

のかを聞いてみるのもよいでしょう。

2 実習に必要な発達理解

　人間の発達は「順序性」があります。「順序性」とは、どの人間も同じ順序で発達が進むことを言います。しかし、一人一人の発達は、年齢が幼ければ幼いほど、個人差が激しいため、たとえば、「生後18カ月で歩行ができるようになる」と教科書に書かれていても、必ずしも、全員の子どもが生後18カ月で歩行できるようになるということではありません。そのため、個人差があることを前提に、一人一人の発達に応じた援助について、保育者がどのように関わっているのかについて実習で学ぶことが大切です。実習で実際の子どもの姿から発達について理解し、一人一人の発達に応じた援助を理解するためには、理解の前提となる「おおよそ、その月齢で発達していると言われている発達の姿」を実習前に学んでおく必要があります。ここでは、遊びの発達の姿について、知識を整理しておきましょう。

 遊びの発達の姿を整理しよう

　乳幼児の関わりと遊びの発達的変化を研究したパーテン（Parten, M. B.）が、遊びのなかでの子どもの他者の関わりを6種類に分けています。次の6種類について、これまでに見てきた具体的な子どもの遊ぶ姿を思い出しながら、グループで話し合ってみましょう。

遊びの分類	内容	具体的ケース（遊び場面）を書こう
遊びに専念していない	自分の体を動かす、周囲を見渡すなどしていて、そのときどきによって興味を持ったことを見ている。（3歳前）	
ひとり遊び	至近距離に子どもがいても、その子どもとは違う遊びに一人で没頭し気に留めずに遊んでいる。（2～4歳頃）	
傍観者的行動	ある特定の子ども集団の遊びを観察している状態、子どもたちに話しかけるが、自分は遊びに参加しない。（2～3歳頃）	
平行遊び	近くにいる子どもと同じ遊びをしているが、その子どもとのやりとりは見られず、自分の遊びに没頭している。（2～4歳頃）	
連合遊び	他の子どもと関わり合いながら遊んでいる状態で、物の貸し借りや会話は見られるが役割分担は見られない。（3歳以降）	
協同遊び	他の子どもと関わり合い遊ぶ状態、役割分担やルールの共有が見られる。（4歳以降）	

3　特別支援を要する子どもの理解

　実習先において、特別支援を要する子ども、すなわち「気になる子」と言われる子どもと出会い、具体的な保育者の援助を学ぶ機会が増えています。「気になる子」と言うと発達障害の子どもを思い浮かべる方々も多いかと思います。しかし、その子どもの姿には、環境からくる要因や、様々な背景が存在します。実習に臨む前に、実習オリエンテーションなどで、事前に子どもの背景や援助で気を付けている点、さらには、発達障害の診断を受けている場合の情報などを伝えてくださる実習先もあります。情報をいただいた際には、秘密を守りながら（守秘義務）、不明なことは事前に調べたり、学校の専門の先生に質問に行くなどして、積極的に学んでおくとよいでしょう。事前に「気になる子」について学んだ知識が、実習において保育者の援助を実際に観察するなかで、どういう意味を持つのか理解することができます。また、その子を肯定的に捉えて、温かく気持ちを受け止めることが基本であることが理解でき、さらに、子どもの自立・自律を促すためには、どこまで援助したらよいのかといったポイントも理解できるでしょう。

 実習生に必要な特別支援の理解

> 〈事例〉実習生が紹介されると、すぐに手をつないできたAくん。初めて接する近親者以外の大人にとても興味深げな様子です。何をするにも一緒にいたいらしく手を離しません。それを見た周りの子どもたちも、実習生に手をつないでもらおうと必死にアピールしてきます。みんなAくんと同じように実習生に遊んでもらいたいという気持ちでいっぱいです。しかしAくんは離れないどころか自分の行きたい場所に誘ってきます。このような場合に、実習生はどう対応したらよいのでしょうか。

〈アドバイス〉学級のなかには、言語面の発達や情緒の不安定さ、あるいは、成長面の未熟さなどにより、友達と接することが苦手な子も存在します。実習生はAくんに寄り添いながらも遊びの中心となり、他児も一緒に楽しめるようその場の環境を利用しながら、コミュニケーションが成立するように働きかけていきましょう。

　自分を頼ってくれるからと、いつまでも支援することは、その子にとって、良い支援とは言えません。学級全体の子どもの気持ちを考えましょう。

　また、集団から外れてしまう場合は、子どもになぜその場を離れようとするのかたずねるなどして、その子の気持ちを理解することが必要です。このような場合は、担当教師の意図をたずね活動へと導くなど配慮が必要です。実習生が勝手に支援するのではなく、園や担任の意向を確かめながら援助していくことが大切になります。

▶3 保育内容・方法の理解と実習

1 保育内容・方法の実際

　これまで、保育の内容や方法について、授業のなかで様々なことを学んできました。そこで視聴した映像は、学ぶ内容に即したもので、見る視点が示されていたのではないでしょうか。実習に行くと、まず子どもたちの生活があり、目の前で起きている事柄に対する解説はありません。今が何のための時間でどんな意味があるのか、実習生としてどう対処すべきなのかをこれまで学んできた事柄と結び付けて理解し、判断し、行動することが求められます。

　たとえば、「一斉保育」と「自由保育」という言葉について学んだかもしれませんが、実際には「〇〇保育の園」があるわけではありません。それぞれの園は、子どもの最善の利益を考えて日々の保育を生み出しているので、年齢や時期、ねらいや活動などによって保育形態を使い分けています。実習園での戸惑いを軽減するためにも、もう一度整理してみましょう。

1）1日の生活と保育の形態

　幼稚園、保育所、こども園の生活は、「遊び・活動」の時間と、食事や手洗い、排泄など日々の健康や生命を維持するための「生活行動」とで構成されています。「生活行動」は年齢が低いほど、生活や学びの中心になるので、1日に占める時間は長くなります。また、入園当初、長期の休み明けなど時期によっても必要となる時間は違ってきます。

　「遊び・活動」の時間は、自由形態で遊ぶ「自由な遊び」の時間と一斉形態で行う「一斉活動」の時間の2通りに分けて考えることができます。「遊び・活動」の「保育形態」による期待される育ちや援助のポイント等の違いをまとめると下表のようになります。

	自由な遊び	一斉活動
保育形態	・自由な形態 ・保育者が構成した環境に自ら関わり遊ぶ	・一斉形態 ・保育者が提供する活動に保育者の指示で一斉に取り組む
期待される育ち	・環境（人、物事）に対する主体性 ・多様な物事との出会い ・人と関わる力、探求心や試行錯誤する力	・基本的な経験や技能の体得・共通化 ・学級への所属感 ・集団で動く力
注意すべき点	・放任になりがち ・経験内容に個人差がでる傾向 ・友達関係やそのなかでの力関係の固定化傾向	・創意工夫や個々の違いが尊重されにくい ・受動的な傾向 ・友達と関わる力が育ちにくい ・結果にこだわりがちになる
援助のポイント	・興味、関心、発達、ねらいに即した環境の構成をする ・個々の幼児や遊びに応じた援助 ・個々の育ちや経験を全体の育ちにつなげていく援助の工夫 ・友達関係の調整 ・環境の再構成等	・幼児に興味・関心を持たせる工夫。特に導入の指導の工夫 ・全体に伝わる、指示、声がけの工夫 ・個々の幼児への対応の工夫 ・個人差への配慮

「自由な遊び」の時間は、幼児は自由に自分の興味・関心に沿って、保育者がねらいの達成に向けて意図的に構成した環境に関わり、自分のしたい遊びや一緒にいたい友達を選んで遊びます。そこでは、環境に自分から関わる主体性や人と関わる力、試したり、考えたりする力の育ちなどが期待できます。保育者は、個々の幼児やそれぞれの遊びに応じた援助をしていきながら全体の子どもの状況を把握します。また、保育者が構成した環境が、幼児の興味・関心と合っていないときは、幼児の状況を見ながら環境の再構成をすることになります。

　「一斉活動」は、一斉形態で進められます。みんながすること、みんなで同じことをすることを重視し、保育者が必要と考える活動や経験内容を保育者の主導で進めるので、学級全体の幼児が短時間に共通の体験ができます。主に基本的な技能を身に付けたり、学級への所属感を育んだりすることが期待できます。保育者は幼児がすることや保育者の意図を全体の幼児に伝わるよう、説明の内容を吟味するとともに指示の出し方や言葉かけに配慮します。また、幼児の興味・関心を引き出し、主体的に取り組めるよう導入の工夫が最も求められます。さらに、全体で動くなかで個々の育ちに応じて援助することも大切になります。

　排泄や清潔などの「生活行動」が身に付くことでより安定し、「遊び・活動」に主体的に取り組めるようになります。また、「自由な遊び」のなかで育まれる人間関係や個々の気付きや発想は、「一斉活動」の充実にもつながります。一斉活動で得た、共通のイメージや技能は経験の偏りをなくし、「遊び・活動」の充実や発展につながります。また、「遊び・活動」のなかで得られた充実感や自信は、「生活行動」の獲得をより確かなものにしていきます。どの時間も子どもにとって必要な時間なのです（下図参照）。「自由な形態」と「一斉の形態」では、保育者の援助の視点や仕方、工夫は違っていますので、実習においては、実習園の教育方針や担任保育者の方針・意図を受け止めたうえで、日々の保育をよく観察し学ぶことが大切です。

　幼稚園、保育所、こども園においては、それぞれの園の教育方針によって、「自由な遊び」を「自由な形態」でする保育を中心にしている園と一斉形態での「一斉活動」を保育の中心としている園、その両者を取り入れている園と、様々です。3つの典型的な幼稚園の姿を図表で表しましたので参考にしてください。

一斉活動を中心にしているA園

自由な遊びと一斉活動両方を入れているB園

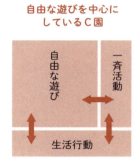

自由な遊びを中心にしているC園

1 実習に必要な資質・能力の基盤を築く

A園の1日			B園の1日			C園の1日		
9:00	登園 挨拶・身支度	生活行動	9:00	登園 挨拶・身支度	生活行動	9:00	登園 挨拶・身支度	生活行動
	自由な遊び	自由		自由な遊び	自由			
9:40	朝の会	一斉						
10:00	体操の時間						当番活動も自由に行う	自由
	排泄・手洗い	生活行動						
10:30	紫陽花の花作り	一斉	10:45	排泄・手洗い	生活行動			
			11:00	紫陽花の花作り	一斉			
11:20	当番活動							
11:45	排泄・手洗い・食事の準備	生活行動	11:45	排泄・手洗い・食事の準備	生活行動	11:45	排泄・手洗い・食事の準備	生活行動
12:00	昼食			昼食			昼食	
12:45	静かな遊び（絵・粘土・絵本など）	自由	12:45	当番活動、静かな遊び	自由	12:30	当番活動、静かな遊び	自由
13:00	音楽遊び			自由な遊び			自由な遊び	
		一斉	13:15	排泄・手洗い	生活行動			
13:30	絵本を見る			音楽遊び	一斉	13:40	絵本を見る、歌をうたう	一斉
13:45	排泄・身支度	生活	13:45	絵本を見る			帰りの会	
13:55	帰りの会	一斉	13:50	排泄・身支度	生活行動	13:55	排泄・身支度	生活行動
	自由な遊び	自由		帰りの会	一斉			
降園	（バスの順番待ちの間）	生活行動	14:00	降園	生活行動	14:00	降園	

2）遊びと5領域

　これまで、原理的・理論的な学習内容と保育現場での実践をつなぐ橋渡し役である「保育内容」を領域別の科目で学び、「保育内容総論」では、実際の保育場面においては、領域別ではなく「遊び」を通して総合的に育てることが大切であることを学びました。それぞれの科目で学んだことをどのように実習に活かしたらよいのでしょうか。

　保育現場に入ると、子どもたちが真剣に遊ぶ姿を目の当たりにして圧倒されることでしょう。これは「自由な形態」の時間に多く見られますので、その時間が長い園と短い園では印象が違うかもしれません。いずれにしても、子どもが遊ぶ姿に触れる貴重な機会ですので、ぜひ一緒に遊び込んでみましょう。子どもたちが何に夢中になっているかを感じ取り、その意味を捉えると同時に、子どもと心を通わす機会にもなります。また、「一斉形態」であっても多くの子どもが熱中し、その過程が「遊び」になっていることがあります。どのような援助によって、一斉でも自由感がある楽しい活動になるのか、しっかりと記録しましょう。そして「遊び」がどんな育ちにつながっているかを考察する際に必要なのが5領域の視点です。領域の「ねらい」から捉えるとその意味が明確になります。そして遊びの充実にも領域別の保育内容の知識が役立ちます。子どもたちの遊びに参加し、豊かさに触れ、その意味を問い、遊びを提案し、振り返り、保育のより深い理解につなげることが実習でしかできない学びなのです。それが、子ども理解に基づいた援助のための第一歩になります。

2　乳児保育の視点

1）乳児保育の基本

　乳児保育では、子どもと保育士が「1対1」で関わることがとても大切です。その関わりを通して絆を深め愛着関係を築いていきます。授乳しているときは、優しくほほえみかけたり語りかけたりします。おむつが濡れているときも、交換したりしながら、同様の対応をします。適切に応答的にすることが、後の対人関係の基礎を形成します。特定の大人との応答的な関わりを通して、情緒的な絆が形成され愛着関係を築いていきます。そのため、乳児保育は愛情豊かに応答的に行われることが特に必要ですので、資質として子どもと一緒にいることが楽しい、可愛いと感じられることが大切です。

　子どもの顔が一人一人違うように成長、発達も一人一人違います。特に、乳児の発達は、視覚、聴覚などの感覚や運動機能（座る、這う、歩くなど）が著しく発達し、個人差が大きく見られるのが特徴です。個々の発達を理解し、そして、子どもは一人の意志を持った人間であることを意識して関わることが重要です。

2）0歳児の保育内容

　「乳児期の園児の保育に関するねらい及び内容」は以下の3つの視点で示されます。

①健やかに伸び伸び育つ（身体的な発達に関する視点）
②身近な人と気持ちが通じ合う（社会的発達に関する視点）
③身近なものと関わり感性が育つ（精神的発達に関する視点）

＊養護における「生命の保持」および「情緒の安定」に関する保育の内容と一体的となって展開されるものであることに留意が必要である。参考：保育所保育指針（平成29年告知）

①健やかに伸び伸び育つ「健康」
〈内容〉 生理的欲求が満たされ、落ち着いた環境のなかで心地よく生活できるようにする。
〈こんな姿〉 清潔になる心地よさは、経験を通して学習するものです。おむつが濡れているときには、無言で交換するのではなく「気持ち悪いね」「さっぱりして気持ちいいね」と、言葉を添えて行いましょう。着替えや食事の援助のときも同様です。

②身近な人と気持ちが通じ合う「人間関係」「環境」
〈内容〉 特定の保育士との応答的な関わりのもとで愛着関係を築く。
〈こんな姿〉 人見知りをするようになるので、泣かれることがあります。そんなときは、焦らず、機嫌の良いときを見計らって、興味を持っていた玩具など観察しておき、優しく笑顔で話しかけながら手渡してみるのも1つの方法です。また、日頃をよく知っている担任に相談してみましょう。

③身近なものと関わり感性が育つ「言葉」「表現」
〈内容〉 保育士に見守られながら、身の回りの物に興味を持ち触れようとする。
〈こんな姿〉 環境構成で大切なのは、保育士に見守られながら安全に行えるスペースを確保することです。1つの事柄が十分身に付いたら、自然に次の段階に移行します（成長・発達）。先を見通し過ぎて焦らず、いつでも近くで見守り、援助できるようにしておくことです。手遊びや歌、絵本などが大好きですのでやってみましょう。笑顔が見られるでしょう。

3）実習生の乳児への対応の留意点
　乳児保育は、基礎的な知識が単なる知識の習得にとどまらず、具体的なイメージを伴って理解できることが望ましいです。自分自身が保育士として保育に当たるとき、学んだことをどのように実践に活かすのかを常に意識した主体的な学習姿勢が求められます。
　一人一人の個別的な姿を発育・発達の基本的な原則に照らし合わせることも大切です。それぞれのペースで、特有の姿をあらわしながら成長していきます。日々保育のなかで子どもの育つ姿を注意深く読み取り的確に理解することが基本です。

Part 1 保育のドングリを磨く──実習事前指導

POINT 実習生の乳児への対応の留意点

● 実習前の点検
1. 清潔チェック…爪、髪、手洗い
2. 安全チェック…装飾品、体調
3. 安心チェック…挨拶、服装、まなざし、言葉使い
4. 保育室のチェック…室内のチェック項目に則り、安全を確認（異物、落下、転倒）
　　　　　　　　　　衛生面で室内の拭き掃除や玩具の消毒など

● どうして泣くのか原因を考える
1. どんな泣き方をしているのか…泣き声や表情、体の動きなどから要求を汲みとる。
2. 要求を推測してみる…体温、怪我、お腹が減っている、寂しい気持ちなど具体的に。
3. 泣いているときのあやし方を知っておく…お腹とお腹を合わせた抱っこ。気分転換に別の場所に移動してみる。心情を汲みとり言葉をかける。生理的欲求を考えてみる。
4. 1〜3は、どれでも「なぜ」と考え、予測（仮説立て）して、それを実践してみる。
　その結果どうだったのか。結果を受けて、関わりが適切であったのか否かを考え、達成できなかったとしたら、また別な方法（仮説立て）を試していくとよいでしょう。

　◆「言葉の根」を理解する
　言葉で気持ちを伝えることができないときこそ、大人がその子の気持ちを察し、言葉を添えながら応答的な関わりを積み重ねていくことで、言葉の理解や子ども自身の言葉を発したいという意欲を育んでいきます（氷山モデルの図から考えてみましょう）。

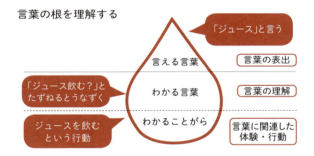

榊原・今井（2006）より作図

● 「非認知能力」の育ちを考える
認知能力とは…IQなどで測れる力
非認知能力とは…IQなどで測れない力
1. 目標に向かって頑張る力
2. 人とうまく関わる力
3. 感情をコントロールする力
　◆子どもの自発的な部分を大事にする
　「○○させる」というのではなく、手を伸ばして玩具に触れたいなあという姿が見られたとき、ちょっとフォローして「届いた」「できた」という経験、そのときの気持ちが後に「生きる力」になります。応答的に関わり、よく観察しているとその援助のタイミングが見えてきます。

3 遊びの理解

実習での学びの大きなポイントは「遊び」をいかに理解し援助するかでしょう。ここでは事例を通して、遭遇するかもしれない2つの場面について考えていきましょう。

1）木登り場面で──領域「健康」と「環境」の視点から安全指導を考える

事例　初めての木登り（5歳児　6月）

実習園の園庭には大木があり、子どもたちの自由に木登りをして楽しんでいる姿が見られました。ある日、木登りに挑戦したことがなかったAくんが木にしがみつき、のけぞりながらも登ろうとしていました。実習生は、Aくんのそばに行き、「大丈夫だよね」と励ましながらおしりを支えて、補助したところ、うまく登り始めました。実習生は、一緒に木登りをして、楽しさを共有するのも大切と考え、登ることにしました。そして、Aくんよりも上に、さらにてっぺんまで登り、「すごいね。風来るんだね」と見晴らしの良さや風のさわやかさを実感しました。一瞬、木登りの楽しさを味わっていた実習生ですが、自分よりも下にいるAくんが降り始めたことに気付き、木の上から「ゆっくり降りてね」と声をかけながら、実習生も降りることにしました。

Aくんは、幹や枝が揺れたり折れたりしないか注意しながら、自分が登れそうな高さまで登ることができました。降りるときも、集中しながら無事着地に成功！達成感と嬉しさいっぱいのAくんを、思わず抱きしめた実習生でした。

メディア教育開発センター（1999）を参考に作成

 木登りの安全指導について考えてみよう

木登りは足下が不安定ななか、木と体を密着してバランスをとりながら登り降りをすることで体力や調整力などを養います。また、木登りには、心が育つ場面もたくさんあります。挑戦してできるようになる喜びや満足感、達成感を味わい、自信や自己有能感につながります。さらには、木肌に触れる直接体験をすることで、自然を感じる心を育てます。

このように、心身ともにたくさんの学びのある木登りは、どの子にもおおいに経験してほしい戸外活動の1つでしょう。実習園のように、園庭に木登りができる木があったら、子どもにとってはとても魅力的な環境ですね。

ただ、危険も潜んでいます。もし、落下のような事故が起きたら、取り返しがつきません。無事に着地するまで、木登りを安全に楽しく行うためにはどのような援助をしたらよいのでしょうか。あなたなら、木登りの場面で、どのような安全指導をしますか？

事例では実習生が、初めて木登りをするAくんと一緒に木登りをしました。難しさや楽しさ、達成感に共感することができましたが、Aくんよりも上に登っていました。予想される子どもの姿を具体的に想定し、安全に配慮した援助を考えてみましょう。

それぞれに記入してから、グループで話し合ってみましょう。

Part 1 保育のドングリを磨く──実習事前指導

初めて登る子どもの予想される姿を書こう

実習生として必要な援助を考えよう

いつも登っている子どもの予想される姿を書こう

実習生として必要な援助を考えよう

前日のうちに木登りについての園の考え方やルールを確認しておくことが必要です。あなたなら、具体的にどのようなことについて確認して、当日の安全指導に活かしますか？

事前に確認すべきこと

確認後の援助を考えよう

職員との連携も大切です。Aくんが安全に木登りに挑戦し、ほかの遊びをしている子どもも安全に遊べるためには、どのようなことを依頼しておけばよかったでしょうか？

子どもが挑戦的な遊びをしている場面の例

教職員とどのような連携ができるか考えよう

挑戦的な遊びができる環境作りをして「健康」や「環境」領域の保育内容の充実を図っている園もあります。一方、遊びに制限を設けている場合もあります。「健康」領域の内容の取扱い（6）を参考に、実習生が安全指導について心がけるべきことを書きましょう。

保育環境の充実には「リスク」と「ハザード」の区別が必要だと言われています。
それぞれに意味と違いについて調べてみましょう。

写真のような遊びが園庭にある保育環境について、どのように考えますか？

2）いざこざ場面で──領域「人間関係」と「言葉」の視点から

事例 思いきりパンチしちゃった　どうしよう‼（5歳児　6月）

　競争やリレーのときに元気に走るBくんは、帰りの会の「なんでもバスケット」ではふざけて笑いを取る活発な子です。今日は芋の苗植えに園の近くの畑まで散歩に出かけました。近くには広場があり、芋苗植えの後、Bくんは、仲良しのCくんとボクシングごっこを始めました。しばらくするとBくんが泣きじゃくっていました。

　少し離れたところにいた実習生は、状況がわからなかったのでBくんのそばに行き、「どうしたの」と問いかけてみましたが、ひどく泣いているBくんからはよく聞きとることができませんでした。泣きながら話してくれたことでわかったことは、ボクシングごっこをしていたときに、Cくんを強く殴ってしまったのでCくんは怒って「もう遊ばない」と立ち去ってしまったということです。

　実習生はCくんのそばに行き、Bくんが謝りたいと言っていることを伝えるのですが、Cくんは頑なに許すことはできないと言い張っています。周りの友達は、泣いているBくんが殴られたと思ったようですが、逆だと知り、どうして泣くのかなと不思議がっていました。

　実習生は何とか2人を仲直りさせたいと思うのですが、なかなかうまくいきません。その様子を見ていた担任が、Cくんのそばに行き、じっくりと思いを聞いていました。その後、担任に促されて、Bくんのところに行き、互いの思いを伝え合えるよう話しかけていました。

メディア教育開発センター（1999）を参考に作成

 いざこざ場面への援助について考えてみよう

　このいざこざ場面では、BくんやCくんの気持ちを理解することが大切です。言葉や行動の底にある気持ちは、見ようとしなければ決して見えるものではありません。思いを汲みとるには、まずは子どもに寄り添いながら、心の痛みや葛藤に目を向け、わかってあげようとする保育士の存在が大きいのです。

　いざこざがあるとき、得てして泣いている子が被害にあったように捉えがちですが、どのような経緯でいざこざになったか、きちんと把握したうえで対処していくことが大切です。状況を把握していない場合、早急に解決しようとしなくてもいいのではないでしょうか。周りで見ていた子はいなかったのか聞いてもよいでしょう。Bくんからの話は、気持ちを落ち着かせてから聞くようにするといいですね。

　保育者はBくんとCくんの気持ちを理解したうえで、2人のわだかまりをなくし、仲直りするにはどうしたらよいかを考えることが大切です。

　以上のポイントを踏まえて、いざこざ場面での援助について考えてみましょう。それぞれに記入してから、グループで話し合ってみましょう。

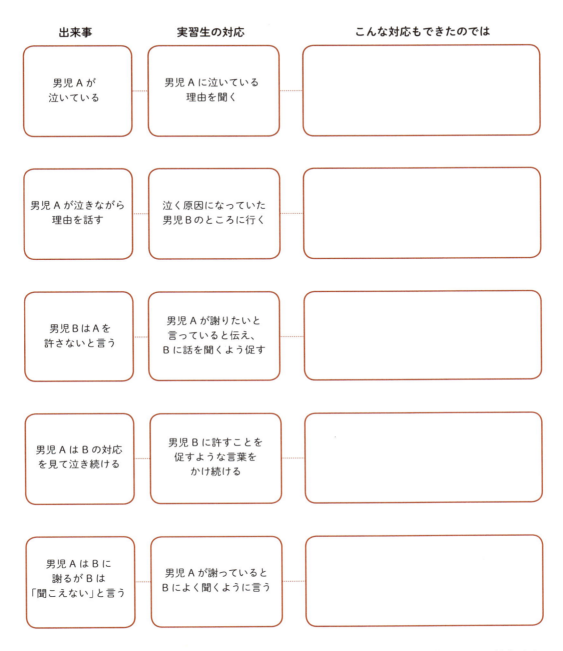

　実習生は、いざこざ場面を何とか自分の力で解決しようとしがちです。なかには、泣きやむことを優先して気を紛らわせる、じゃんけんで決着させる、どちらが悪いかを判断して謝らせるなどの対応をしてしまうこともあるようです。しかし担任の保育者は、その場を解決するだけではない関わり方をします。1日や年間の生活の流れや幼児理解、領域「人間関係」や「言葉」のねらいや内容に示されている保育の意図に基づいた援助ができるよう、これまでの学びを振り返ってみましょう。

　ほかにも葛藤場面を例示しますので、どう理解し、対応するかを考えてみましょう。

Part 1 保育のドングリを磨く──実習事前指導

葛藤場面の例	考察（実習生としてどう理解し、対応するか）
自由な着席場面で隣に座りたい友達を巡って泣き出す	（　）歳児の場合
片付け場面でまだやりたいと言って遊び続ける	（　）歳児の場合
リレーごっこで負けると泣き出し、もうやらないと座りこむ	（　）歳児の場合
実習生を一人占めしたがる子どもがいてうまく全体に関われない	（　）歳児の場合

自分で葛藤場面を考えて以下に記入し、考察しよう

	（　）歳児の場合

4 活動の計画

1）動きを楽しむ――領域「健康」と「身体表現」の視点から

　領域「健康」の視点から動きを楽しむ活動の計画について考えてみましょう。領域「健康」では、(1) 明るく伸び伸びと行動し、充実感を味わう、(2) 自分の体を十分に動かし進んで運動しようとする、(3) 健康、安全な生活に必要な習慣や態度を身に付け、見通しを持って行動することが、「ねらい」として示されています。幼児期は、生涯にわたって必要な多くの運動の基となる多様な動きや洗練された動きを獲得する大切な時期であり、生活や遊びを通して心と体を十分に働かすことによって培われていくことが重要です。しかしながら、近年、子どもを取り巻く環境は大きく変化しています。科学技術の発展などにより生活が便利になった一方で、歩くことをはじめとした体を動かす機会が減少しています。また、遊ぶ仲間がいない・遊ぶ空間がない・遊ぶ時間がないといった3間の減少、交通事故や犯罪などの懸念から、体を思いっきり動かし遊ぶ機会も減少しています。そのような結果、子どもの多様な動きの獲得、体力・運動能力の低下といった体の問題はもちろんのこと、子どもの意欲低下や対人関係の問題といった心の問題も危惧されています。

　このような背景を鑑みて策定された「幼児期運動指針」（文部科学省、2012）では、幼児期に獲得しておきたい基本的な動きとして、次のように分類し、示しています。立つ・座る・寝転ぶ・起きる・回る・転がる・渡る・ぶら下がるなどの「体のバランスをとる動き」、歩く・はねる・跳ぶ・登る・下りる・這う・よける・すべるなどの「体を移動する動き」、持つ・運ぶ・投げる・捕る・転がす・蹴る・積む・こぐ・掘る・押す・引くなどの「用具などを操作する動き」です。このような動きの獲得にあたっては動きの経験が必要となりますが、運動プログラムのように、一方的に子どもたちに運動をさせることではなく、遊びや生活を通し、「やってみたい」「楽しい」といった子どもの興味関心に基づいて行うことが基本となります。

　それでは、実習において、どのように計画につなげたらよいのでしょう。キーワードは「心が動くと体も動く」、子どもの身体の動きを子どもの心の表現として考え、子どもと共に心を動かすことから始めてみましょう。たとえば、実習中に子どもたちがタッチをしてきたり、タッチしたかと思うとこちらを見ながら走って逃げたりすることがあります。（どんな人なのかな）（一緒に遊びたいな）という子どもの心の表現なのでしょう。そのような子どもの思いをキャッチし、追いかけたり追いかけられたり、ストップしてみたり、くねくねと走ってみたり、それだけでも多様な動きを伴う楽しい遊びの成立です。また、楽しい遊びはほかの子どもたちにも伝染していきます。気が付いたら複数の子どもたちが参加していたということもあるかもしれません。さあ、みなさんはこのような自発的な遊びの様子から、どのような動きを楽しむ活動の計画を立てますか？　どのような遊びに展開したら子どもたちに体を動かすことの楽しさが伝わるでしょう。鬼ごっこ、忍者ごっこなど、表現ごっこやストーリー仕立てに展開しても楽しいですね。また、その際「この活動を通し、子どもはどのような体験や経験をする

のか?」という育ちの要素についても考えてみましょう。養成校で学んだ知識を現場での生きた学びへとつなげるチャンスです。

実習で楽しめるゲームの例

★「どんじゃんけんぽん」
あらかじめ直線を引いておきます。子どもたちは2チームに分かれ、直線の両端に並びます。先頭の子どもが相手チームに向かって走り、向かい合ったところでじゃんけんをします。勝った子どもは相手チームへと進みます。負けた子どもは自分のチームの最後尾に並びます。

★「おおかみと子ぶた」
丸、三角、四角を大きく書いておきます。おおかみ役の保育者が「丸のお家」と合図したら、子ぶた役の子どもたちは、丸以外のお家（三角か四角）の中に逃げます。

★「しっぽとり」
ズボンの後ろ側に、紐や新聞紙などで作ったしっぽを挟み、子ども同士で追いかけて、しっぽを取り合います。

★「ねことねずみ」
ねこ役とねずみ役の二手に分かれます。ねことねずみが向かい合って立ち、保育者が「ねこ」と合図したら、ねこがねずみを追いかけ、「ねずみ」と合図したら、ねずみがねこを追いかけます。捕まらずに陣地まで逃げることができたらセーフです。

実習生の身体的な遊びの指導の留意点

★子どもたちの発達に合った内容を考える
身体的な遊びを取り入れるにあたっては、発達の特性に応じた内容を考えることが大切です。子どもの発達に応じた遊びを取り入れることは、無理なく身体機能を促進するとともに、子どもの有能感や充実感を育みます。また、身体的な遊びをする際、どのくらいの広さが必要なのか、どのような用具を使うのかなど、十分な事前準備も子どもたちが安全に伸び伸びと楽しく活動に参加するうえで重要です。

★ルールの説明は簡単にわかりやすく
子どもたちが新しく出会う遊びの場合は、ルールをわかりやすく説明する必要があります。どのように説明したら子どもたちはルールを理解できるのか考えてみましょう。また、実習生が手本を見せる、遊び始めの際は、実習生自らがリードして行うなど、子どもたちがルールを理解し、楽しく活動するために必要な配慮事項についても考えましょう。

★活動中の役割
活動が始まると、ついつい一生懸命になりすぎて、周りの状況や子どもたちの様子が見えなくなってしまうことがあります。活動中の子どもたちの全体の様子、個々の様子も把握し対応できるようにしましょう。その際、上手下手で子どもたちを評価するのではなく、一人一人が主体的に参加しているか、楽しんでいるかの視点で子どもたちの姿を捉えましょう。実習生自身も楽しむことも忘れずに。

2）音と言葉を楽しむ──「音楽表現」と領域「言葉」の視点から

　「音と言葉を楽しむ」活動を、「音楽表現」の視点から見てみましょう。領域「表現」の「ねらい」や「内容」からわかるように、子どもたちは身近な周囲の環境と関わりながら、自分の声や体の動き、あるいは素材となるものを仲立ちにして表現する姿が見られます。

　「音楽表現」の1つは、声を出して歌う（唱える）ことです。歌う活動は、既成の「うた」をみんなで歌うことはもちろん、「手遊び」「わらべうた」「あそびうた」などのように、「うた」を歌いながら遊ぶこともあります。これらには、体の動きによる表現も伴います。もう1つは、身近な物（ボディーパーカッションを含む）や楽器で、音や音楽を作り出すことです。これらの活動の多くは、音の出る物を作ったり楽器を用意したりして、奏でる活動があります。たとえば、子どもたちが遊びのなかで「言葉のリズム」を音を使って表現したり、既成の楽曲にのって楽器（手作り楽器を含む）などを使い、音やリズムやメロディーにのって表現したりします。いずれの場合も、実習生が子どもの表現に共感すること、共に奏で楽しむこと、音や音楽を構成することにより、より豊かな表現活動が生まれます。

　一方、「音楽表現」は、「音（言葉を含む）や音楽を聴いて、感じ、考え、表現する」ことも大切にします。子どもは身近な音環境に反応し、体で表現することを楽しむ活動を行います。たとえば、実習生が「音や音楽」環境を用意することにより、子どもたちがその「音や音楽」を聴いて、感じて、イメージを膨らませて、体で表現をします。その活動の流れのなかに、役割やストーリー性を持たせれば、表現遊び「劇ごっこ」となるでしょう。

　では、「音と言葉を楽しむ活動」を「言葉」の領域との関連から見ていきましょう。言葉や話を聞くには、聞き分ける聴覚と聞こうとする意欲や態度が必要となります。「ねらい」にも書かれている「言葉遊び」は「音」の遊びでもあります。絵本の世界でよく用いられ、子どもたちにも好まれる「オノマトペ（擬音語・擬態語）」は、意味の世界を離れて「音とイメージ」の世界を楽しむことができるものです。「言葉のやり取りを通じて身近な人と気持ちを通わせる」というねらいは、「音」を通して気持ちを合わせることとつながっています。実習中に活動の計画を立てる際にも、こうした視点を活かすことができます。たとえば、部分実習で「あそびうた」を行う際の「ねらい」は、「言葉のリズムを感じながら表現することを楽しむ」というように、「表現」と「言葉」の両方の領域を意識して書くようにします。

　1つの遊びや活動は、1つの領域の内容が単体で存在するのではなく、運動的な内容や造形的な内容や言葉的な内容などが組み合わさっています。そこで、1つの遊びや活動の「ねらい」をどこに定めるかにより、「音楽表現」活動になったり、「言語」領域になったり、他の領域との総合的な活動となります。では、実習で活かせる具体例をあげてみましょう。

Part 1 保育のドングリを磨く——実習事前指導

 言葉のリズムを楽しみながら表現する遊び

　まず、実習生が言葉のリズムにのりましょう。教えるのではなく、実習生が楽しそうにやって見せましょう。楽しそうであれば、自然に子どもたちはまねをして参加します。

★手遊び「お〜ちたおちた、な〜にがおちた」
　実習生が「お〜ちたおちた」と言い、子どもたちが「な〜にがおちた」と返します。そこで実習生が落ちてきたものを言います。たとえば「リンゴ」と言うと、子どもたちは手で受け取るしぐさをします。落ちてくる物により動作を変え、リズミカルな言葉のやり取りと動きを楽しみます。

★手遊び「おべんとう箱」
　お弁当は子どもたちが大好きものです。実習生が「みんなでお弁当を作りましょう」と言えば、すぐにのってきます。お弁当箱の大きさを変えたり、作る速さを変えたり、お弁当の中身を変えたりすると表現の仕方も変わってきます。言葉のリズムにのって、オリジナルなお弁当を作って楽しみましょう。

★集団遊び「猛獣狩りに行こう」　米田正和作詞　アメリカのあそびうた
　歌詞の通り、実習生の言葉と動作を、子どもたちがまねをして繰り返しながら、ストーリーを作っていきます。最後に実習生が動物の名前、たとえば「ライオン」と言うと、文字の数の4人組になり座ります。言葉の掛け合いだけでなく、文字数の違う動物の名前を言い、組を変える楽しさも味わえます。

 「わらべうた」「うたあそび」を楽しむ

　実習生が自信を持って歌いながらやって見せることにより、子どもたちもまねをして、一緒に歌ったり表現したりして遊びを楽しむでしょう。事前に幼児が経験している手遊びや集団遊びの内容を確認しておくと、幼児の動きが予想でき、援助のポイントが見えてきます。

★手遊び「いっぽんばし」　湯浅とんぼ作詞　中川ひろたか作曲
　「1本橋1本橋、お山になっちゃった〜」、と歌いながら両手の指を使って表現します。はじめは保育者がやって見せますが、子どもたちからのアイディアを取り上げると楽しい表現が次々に出てくるでしょう。

★手遊び「くるくるくる」　谷口國博作詞・作曲
　歌詞の「くるくるくる」では、両手をグーにして体の前で糸巻きのように回します。「1本指で拍手」を1本指から2本指へと増やしていくとだんだん大きくなり、5本指から4本指へと少なくしていくと小さくなります。絵本を読むなど、話を始める前に行うと子どもたちは集中するでしょう。

★集団遊び「なべなべそこぬけ」　わらべうた
　はじめは2人で向かい合い、手をつないで始めましょう。上手にできるようになったら、3人組、4人組……、最後はクラス全員で行うと達成感を味わえます。

★集団遊び「おしゃべりなアヒル」　成田和夫作詞・作曲
　はじめに「くわくわ」「ぱっぱっ」「ふりふりふり」の振りを言葉に合わせてやって見せてから、子どもたちと一緒に行います。次に歌の歌詞に合わせ、一人ずつアヒルになって散歩をします。「くわくわ」「ぱっぱっ」「ふりふりふり」の所では、動作をしながら偶然出会った友達と挨拶をします。

★集団遊び「バスにのって」　谷口國博作詞・作曲
　はじめは2人組になり、運転手役は前、お客役は後に連なって座り肩に手をのせます。歌に合わせて体を動かし楽しみます。お客役を増やして大きなバスになると、友達と一緒に体を動かすことの楽しさが味わえます。

歌を遊ぶ

　歌は、実習生がただ歌うだけでなく、「絵カード」「ペープサート」「パネルシアター」など視覚的な教材を用意すると、より楽しく歌を歌うでしょう。

★「ＢＩＮＧＯ（ビンゴ）」　アメリカのあそびうた
　画用紙を５枚用意し、表面に「B」「I」「N」「G」「O」と一文字ずつ描き、裏面に「手形」の絵を描きます。はじめは表向きに５枚のカードを並べて歌を歌います。次に１枚カードを裏返しに、「手形」のところは声を出さず手拍子のみをします。カードを表裏どのように置くかによって、楽しいリズム遊びとなります。

★「ふうせん」湯浅とんぼ作詞　中川ひろたか作曲
　歌詞では１番「きいろいふうせん」２番「あかいふうせん」となっていますが、いろいろな色の風船の絵カードを用意します。裏面は無地にするか、歌詞の通りの絵を描きます。何回か行うと、子どもたちも自分で考えて描き、発表できるでしょう。

 ### 曲を使って遊ぶ

　ピアノを弾いたりＣＤなどを使ったりして、集団遊びをすることができます。子どもたちが思わず走ったりスキップしたりしたくなる曲を用意しましょう。「さんぽ」「ともだち賛歌」「世界中の子供達」の曲は、子どもたちが思わず歩き始めます。子どもたちにとって親しみのある曲を使うと効果的です。

★「ストップ＆ゴー」
　曲が流れているときは「動く」、聞こえなくなったら「止まる」（ポーズ）、これを繰り返します。また、曲の速さを変えると、速度を感じて動く楽しさを味わえます。「ちょうちょ」「ぞうさん」などは、曲調に合わせて「チョウ」や「ゾウ」になったつもりで動くでしょう。

★「いす取りゲーム」
　音楽を聴いて動き、止まったら椅子に座ります。３歳児は参加人数分の椅子を用意します。動く、止まる、座るの繰り返しだけでも十分に楽しめます。経験を重ね椅子の数を徐々に減らしていくと、勝ち負けのあるゲームとなります。椅子に座れずゲームから抜けても、応援する役として手拍子などすれば、共に曲の速さを感じることができ、最後まで活動に参加できます。

 ### 手作り楽器で遊ぶ

　音を聴くことから、興味関心を持って音を作り、音で遊ぶようになります。身近な素材を使って「手作り楽器」を作り、演奏してして遊ぶ活動も楽しいですね。手作り楽器演奏にふさわしい歌や曲としては、「山の音楽家」などがあげられますが、子どもたちにとって親しみのある大好きな歌を用意してあげるのもよいですね。導入は、音への気付きを促すことができる環境を用意し、音を試しながら作り始める、部分実習で絵本『おばけのコンサート』（福音館書店）を読んでイメージを広げてから作るなど、様々なやり方が考えられるので、工夫してみましょう。

Part 1 保育のドングリを磨く──実習事前指導

心に届く表現力を身に付けよう
（弾き歌い、楽器演奏、ダンス）

　自分の得意分野や自分がこれまで経験してきたこと、授業等で学んだこと、新たにチャレンジしてみたい保育実技について考えてみましょう。子どもの前で実践する際にはどのような工夫が必要か、子どもの心に届く表現力について研究してみましょう。

	実習で実践してみたい保育技術	子どもたちの前で実践する際の配慮点・工夫点・内容など
・授業で学んだこと ・チャレンジしてみたいこと ・得意なこと		

ピアノが苦手でも大丈夫？
子どもたちと歌を歌うときに一番大切なのは

　乳児の場合は、保育者が抱いたり膝にのせたり体に触れ、子どもの表情を見ながら歌を歌い聞かせることを大切にします。幼児の場合は、いろいろな場面で歌を歌いますが、多くは子どもたちが集まったときに、保育者がピアノを弾きながら歌うことを求められます。では、ピアノ伴奏がなければ、子どもたちは歌が歌えないのでしょうか。

　確かに、子どもたちが集まって歌を歌うときは、ピアノやギターなどの楽器伴奏があると、より豊かに歌をリードすることができます。でも、一番大切なのは、歌の意味を理解し表現する力なのです。たとえば、みなさんが歌を歌いたくなるのは、どんなときですか？「素敵な歌！」と感じ、思わず歌ってみたくなるのではないでしょうか。どんなに素敵な伴奏が流れていても、歌声が聞こえてこなければ、一緒に歌ってみようなんて思いませんよね。子どもたちも同じです。まずは、子どもたちが思わず一緒に歌いたくなるように、保育者が豊かな表現力で歌えることが大事なのです。

　しかし、実習園には特色があり、ピアノを上手に弾けることを求める園もあります。実習オリエンテーションのときには、園がどの程度ピアノの技術力を求めているのかを確認し、自分の力も伝えておきましょう。また、子どもたちが歌っている歌を教えてもらい、その歌をしっかり覚えて歌えるようにしましょう。友達と一緒に歌ったり、ＣＤなどを聞きながら歌ったりするのもよいですね。その際、楽譜を見ながら、正しい歌詞、音程、リズムに気を配りましょう。最後は、楽譜を見ないで、目の前に子どもたちがいることを想定して、自信を持って歌えるようにしましょう。

3）ものとの関わりを楽しむ——領域「環境」と「造形表現」の視点から

「環境」は、身近な環境に親しみ、好奇心や探究心を持って様々なものに関わり、感覚の働きを豊かにして発見を楽しみ、それを生活に取り入れようとする姿を育む領域です。特に「自然に直接触れる体験」によって心の安らぎが得られ、豊かな感情、好奇心、思考力、表現力の基礎が培われることや動植物に対する親しみや感動を共有する大切さについて学んできました。そして、物の性質や数量や文字に対する興味を遊びや生活での「必要感」から喚起されるような保育や、地域や文化に触れる豊かな体験を計画できるようになるための学びを重ねてきました。

一方、保育内容（造形表現）においても、身近な環境に関わり、心を動かす出来事に触れ、感性を豊かにすることや工夫して遊ぶことを大切にします。様々な素材の特性や可能性、自然のなかにある音、形、色に気付くような感性の育ちを目指し、それを表現できる力や作り出す力、互いの表現を受け止め合う心情の育ちを重視しています。

別々に学んできた保育内容ですが、自然などの身近な環境に関わることが起点となり、気付き、感覚、工夫や感動を大切にするなど、事物（モノ）や事象（コト）との関わりを深める点で共通点が多いことに気付かされます。そのため、実習において2つの領域のねらいを意識した活動を計画することは、子どもたちの豊かな体験につながるでしょう。具体的には、戸外で収集した自然物を用いた活動や身近な素材を活用して作って遊ぶ活動などがあります。その際には、知識の獲得や作品の出来栄えがねらいにならないよう、それぞれの領域の視点から指導のねらいを立てることが大切です。

保育内容（造形表現）では、「遊びと造形の循環をつくる援助」について学びました（槇、2018）。ここでは、2つの領域から夢中になって遊ぶ姿につながる援助を考えてみましょう。次のCASEは、①導入場面－動機付け－②展開場面－意欲付け－③評価場面という表現過程に、「環境」の視点を加えて体験の過程を整理したものです。導入には、主にモノや場の設定から関わりを促す〈環境型〉と、目にしたり提示された活動への参加で始まる〈活動型〉があります。水に関わる遊びを例示しましたので、さらに発展を考えてみてください。

実習では、「環境型」より計画を立案しやすい「活動型」の体験を計画する場合が多いと思いますが、ゴールを1つに定めず、子どもたちが「過程」を十分に楽しめるよう、活動の流れを予想しつつも発想を受け入れ、発展できる余地のある準備をすることが大切です。

豊かな活動を提案するためにも、実習期間の初期に保育環境のなかにどのような素材や道具があり、日頃の遊びのなかでどのように使われているのかを読み取ることが大切です。次のワークに取り組んでみましょう。

Part 1 保育のドングリを磨く――実習事前指導

CASE 「環境」と「表現」のねらいにふさわしい体験

①導入場面 →	動機付け →	②展開場面 →	意欲付け →	③評価場面
・モノやコトとの出会い ・モノとの感覚的関わりと気付き ・コトの発見 ・コトへの参加	・探索欲求 ・興味関心 ・「関わりたい」 ・情動 ・イメージ ・模倣欲求 ・「表出したい」	・状況の変化 ・新たなモノやコト ・対象、目的、問題の共有 ・イメージ、場、関係性の拡がり ・偶発的出来事	・新たな探索欲求 ・試行錯誤 ・「もっと工夫したい」 ・挑戦 ・共感 ・イメージの共有 ・「もっと表現したい」	・受容される ・満足感がある ・達成感がある ・問題が解決する ・自信を得る
面白そう やってみたい	できるかな でもやりたい	面白い もっとやりたい	もっとできるかな こうしてみようかな	面白かった またやりたい わかったできた もっとこうしたい

環境型の例 ●ペットボトルと水

①導入場面

音を出す
↓
水を撒く
↓
水を移して遊ぶ

②展開場面

⇒光のあたる場所に並べる⇒カラーセロファンを巻く⇒影を見る
⇒ペットボトルに穴をあける⇒水で地面に描く⇒水やり
⇒絵の具で水に色をつける⇒並べて売る⇒自動販売機作り

活動型の例 ●色水遊び

①導入場面

草花と水を
袋に入れて揉む
↓
いろいろな草花で試す

②展開場面

⇒光のあたる場所に吊るす⇒映る色や形を見る
⇒カップに移す⇒ジュース屋さん⇒レストランごっこ
⇒紙の上で草花をたたいてつぶす⇒紙染め遊び

WORK 「環境」と「表現」の視点から素材を理解しよう

素材	素材の特性 「どんなモノですか」	素材の発展性 「何ができますか」	素材の活用 「どう使ってどんな遊びができますか」
砂			
木の葉			
ビニール袋			
お花紙			
ペットボトル			
毛糸			

1 実習に必要な資質・能力の基盤を築く

「環境」と「表現」のねらいに合った実習に役立つ「作って遊ぶ活動」

　以下に、「作って遊ぶ活動」の教材名とはさみやテープなどの用具以外の主な材料、活動の流れを例示します。どの教材もデザインを楽しむことと遊びの発展をみんなで考えることを大切にしましょう！　教材研究をしっかりして、子どもの姿に応じた援助を考え、充実感が味わえるように工夫しましょう。

★ゴムの力を楽しむ

- **とばして遊ぼう**／折り紙・輪ゴム・ストロー・箱やペーパー芯
  - 折り紙を丸めて（紙飛行機でもよい）輪ゴムをしっかり付ける
  - 箱などにストローの先を出し、テープを上からだけでなく下からも貼ってとめ、ゴムをかけて飛ばす
- **ポンポンロケット**／ペーパー芯・輪ゴム・紙ヒモ・ティッシュ
  - 芯に4つの切り込みを入れ、輪ゴムを×にかける（輪ゴムを結んでおいてもよい）
  - 紙ヒモを真ん中で折り、×の中心を通して先端同士を合わせてテープでとめる
  - ティッシュを丸めてテープで玉をつくる
  - 玉をのせ紙ヒモをひいて離すと飛ぶ
  - 安全面に注意し、遊び方を工夫する
  （紙ヒモの代用品としてストローを使うこともできる）

ポンポンロケット：ペーパーの芯は衛生面を心配する園もあるので折り紙でくるんでおく必要があるかを確認しよう。アレルギーの関係で牛乳パックを使えない場合もあるので、使用する材料については事前に相談するのを忘れずに！

★風や空気を楽しむ

- **傘袋ロケット**／傘袋・ペン・スズランテープ
  - 飛ばす様子をイメージして傘袋に模様を描き袋の口に紙の輪をつけ空気を入れて飛ばす
  - 飾りをつけてもよい（空気を通過させても飛ぶ）
- **エアーロケット**／ビニール袋・ペーパー芯・紙コップ
  - ビニールの袋の口と芯に2ヵ所ずつ印をつけておく
  - 印を合わせて芯に袋を付け空気がもれないようにする
  - 芯から口を離して息を吹き込む
  - コップ（ロケット）を芯にかぶせ、袋をつぶすとコップが飛ぶ
- **はし袋飛行機**／わりばし袋・ストロー・折り紙
  - はし袋の底を三角に折ってテープでとめる
  - ストローを刺して吹いて飛ばす
  - 羽をつけて飛行機にしてもよい
  - よく飛ぶように工夫する
- **袋凧**／スーパーの袋・スズランテープ・ペン・シール
  - 袋を自由に飾る
  - 持ち手部分にスズランテープを結ぶ
  - 持って走る

★回転や動きを楽しむ

- **くるりんちゃん**／曲がるストロー2本・乳酸飲料容器等
  - 曲がる側の端をテープでつなぎ、人形にした容器をつける
  - 指先でストローを回すと人形が回転する

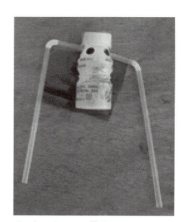

くるりんちゃん：帽子やマントなどの工夫が見られる。リサイクル容器は園にあるとは限らないので実習前から集めておくとよい。

- ●紙皿コマ／紙皿・わりばし・クレヨン（ペン）
  - ・中心に印をつけた紙皿に模様を描く
  - ・鉛筆削りで先を削ったわりばしを刺す
  - ・両手で回す
  - ・上に模様を描いた紙（中心に穴）をのせて回してみる
- ●ぱたぱた鳥／画用紙・ホチキス
  - ・画用紙を半分に折る
  - ・折目の上をホチキスでとめる
  - ・開く部分を羽にし、形を描いて切る
  - ・紙帯を半分に折って翼につけて、はばたくようにすることもできる

枝のモビール：モールの端に毛糸の端をはさみ、枝を1周してから次の枝へとくり返す。毛糸の玉を作っておくと取り組みやすい。自然の中に飾ってみよう。

★自然物を楽しむ
- ●葉っぱ遊び／葉・透明幅広テープ
  - ・集めた葉を形別、色別、大きさ順などに並べて遊ぶ
  - ・気に入った葉をラミネートして飾る
- ●枝のモビール／枝・毛糸・モール
  - ・枝を拾い、見つけた実などを毛糸で下げてバランスをとり、木に吊るすと動いて楽しい
  - ・事前に綿棒などで編む遊びをしておき、拾った枝3本の中心をモールで束ね、形を整えて毛糸を編み込む
  - ・できたら自然物を飾るなどして木の枝に吊るし、互いに見合う

★言葉や数を楽しむ
- ●すごろくゲーム／牛乳パック・リサイクル封筒等
  - ・牛乳パックを切り込み立方体にする
  - ・飲み口部分をコマにする
  - ・リサイクル封筒や折り紙などを1マスにして、台紙部分をつくり、紙帯等でつないで床で遊ぶ

もったいない精神を発揮する——切り残し紙・リサイクル材の活用

　大人がゴミとして捨てるものでも子どもにとっては宝物です。折り紙の切り残し紙やカラフルな包装紙、広告紙、大小の空き箱やプリン・飲料水の容器、トイレットペーパーやラップの芯、アイスの小さなスプーンや紐に至るまで……また、柔らかく薄く扱いやすい新聞紙は、ボールや輪投げ、ゲーム遊びなどで楽しむことができます。子どもたちは、破いたときの音や感触をとても喜び、心の開放感も味わうことができますね。1ℓの紙パックは、ラミネート加工されているので水に強く、とても丈夫です。コマや船や魚から、乗っても壊れない椅子や滑り台など、工夫次第で楽しいおもちゃを大小多岐にわたり作ることができます。

　子どもは遊びの天才と言われています。様々なリサイクル材や道具を使い、頭も手もフルに使いながら、想像力を発揮し個性豊かなおもちゃを作りだします。試行錯誤して完成したときの満足した笑顔は何とも言えませんね。自分だけのオリジナル作品で友達と会話しながら遊びが展開します。そこには、既製のおもちゃでは味わえない面白さや楽しさがあります。保育者は、作って遊ぶ環境を整えておくことや物を大切に扱うことを一緒に遊ぶなかで伝えましょう。子どもが一生懸命作っているときは、手や口を出さないで見守ることが大切です。

　実習園にこうした環境があるとは限りませんが、色画用紙の切り落としを入れる箱を設定して再利用をしている園もあります。園がどのような材料の使い方や出し方をしているかをよく観察し、責任実習では、子どもたちが使いたいものを選べる環境構成を心がけましょう。

▶ 4　保育技能と実習

　実習では、保育実践の一部を担当したり、誕生会などの行事の出し物を担当する場合があります。このような機会は、子どもたちとつながりを持つきっかけとなるとともに、子どもの姿に応じた保育方法を身に付ける貴重な機会であり、自分自身の保育技術を磨くチャンスです。そのためには、事前に教材研究を行い、子どもの姿をイメージした練習を行うなど、十分な準備をしておくことが必要です。

1　実習で活かせる絵本

　「そのお話、知ってる！」と子どもたちに言われたらどうしよう、子どもたちは興味を持ってくれないのではないかと心配している人はいませんか？　そのようなときは、ひとたび、自分の幼かった頃を思い出してみましょう。お気に入りの絵本を何度も繰り返し読んだり、読んでもらったりした記憶が少なからずあるのではないでしょうか。子どもたちは同じお話を繰り返し味わうことが大好きです。また、同じ絵本でも絵本の読み方は十人十色。子どもたちは、物語の内容だけではなく、誰に読んでもらったかということも含めて絵本の世界を味わっています。みなさんが目指すのは、演技者ではなく保育者です。そして、絵本は子どもと同じ世界を味わうことができる媒介物です。「このお話を子どもたちに読んでみたい、一緒に物語の世界を共有したい」という思いで絵本を選び実践してみましょう。

 実習で絵本を選ぶ視点

★子どもたちの発達に合っているか
　この年齢にはこの絵本という決まりはありませんが、絵を見て楽しむ、簡単なお話を楽しむ、物語など想像の世界を楽しむなど、子どもの年齢や発達を考慮し、絵本を選びましょう。

★子どもの興味関心に合っているか
　子どもたちの様子を観察してみましょう。生き物や植物に興味がある、お店屋さんごっこを楽しんでいるなど、子どもたちの姿から絵本選びのヒントを得ることができます。

★読みやすさ・見やすさ
　少人数で楽しむ絵本なのか、クラス全員の前で読んでも楽しめる絵本なのか、読み聞かせを行う人数によっても選ぶ絵本は異なります。絵本のサイズや絵の大きさ、文章なども考慮してみましょう。

★子どもの生活に合っているか
　季節や行事など生活に関する絵本を選ぶ場合には、時期や内容など子どもの生活に即した題材を選びましょう。

Part 1　保育のドングリを磨く──実習事前指導

 実習で活かせる絵本のリストを作成してみましょう。

★乳児を対象に読んでみたい絵本

絵本名	著者・出版社・発行年	あらすじ・実践メモ

★1、2歳児を対象に読んでみたい絵本

絵本名	著者・出版社・発行年	あらすじ・実践メモ

★3、4、5歳児を対象に読んでみたい絵本

絵本名	著者・出版社・発行年	あらすじ・実践メモ

　絵本リストが完成したら、読み聞かせの練習をしてみましょう。導入、絵本の持ち方、ページのめくり方、絵本の読み方（表情・抑揚・声の大きさ・テンポ）、読み聞かせの終わり方など、保育技術の視点からも研究してみましょう。

2　実習で活かせる多様な児童文化財

　児童文化財には絵本だけではなく、ほかにもいろいろな種類があります。詳しい作り方や活用方法など、自分なりに調べて製作してみましょう。

エプロンシアター

　エプロンシアターとは、胸当て式のエプロンを舞台に見立て演じるミニシアターです。エプロンのポケットから様々な人形や小物が登場することで、登場人物の動きや物語りの変化を工夫し展開させることが可能です。温かな手作り感があるのも魅力の1つです。

パネルシアター

パネルシアターはパネル布を張ったボードに、Pペーパーで作成し切り取った絵をボードに貼ったり外したりして、話を展開していく人形劇です。物語や歌遊び、ゲームなど様々な表現方法に活用できます。

ペープサート

ペープサートは、厚紙と割り箸などの棒で作られた人形劇の1つの様式です。裏と表の絵柄を変えることで、なぞなぞ仕立てのペープサートとして活用することや、登場人物の表情や動きを変えることができます。

人形劇

片手や指にはめ、人形を操作し話を演じる1つの様式です。カラー軍手などの手袋、フェルト、紙コップなど身近な素材で作ることが可能です。

素話

視聴覚教材を用いずに、物語を覚えて子どもたちに物語を語ります。ストーリー・テリングとも言います。聞くことを通して言葉のリズムや美しさに触れること、想像力を育むことを目的として保育現場で実践されています。

影絵

光源の前で身体、または物などで、様々な形を作り、影を映し出し、その形や動きを楽しみます。光と影のコントラストの美しさを味わい、その動きや形を楽しむことができます。

パネルシアター（学生作品）

人形劇（学生作品）

 子どもが親しみを感じる、演じてみせるものを作ろう

実習で活かせる児童文化財を製作しましょう。

製作する児童文化財	
題・内容	
材料・準備物	
製作する際の工夫点・配慮	

3 実習で活かせる保育技能

実習で活かせる保育技能は、児童文化財だけではありません。体を動かすことが好き、ギターが得意、歌うことが好き、独楽回しが得意……などなど、自分の「好き」や「得意」を実習先で活かしてみましょう。自分たちの世界を広げてくれる実習生の姿を子どもたちは待っています。また、新たな保育技術も身に付け、実習でチャレンジしてみましょう。自分たちに真剣にそして真摯に向き合ってくれる実習生の姿は、子どもたちの心に伝わります。

COLUMN 実習で活かせる自己紹介のいろいろ

子どもたちに自分のことを早く知ってもらい、子どもたちのこともたくさん知りたい。そのためには、名前を覚えてもらうことから始めてみましょう。自己紹介はコミュニケーションの第一歩です。子どもたちの前に立つと緊張しますね。そんなときは、自己紹介のアイテムが役に立ちます。アイテムを持っている安心感と子どもたちの目線がアイテムに向くことで、気持ちも和らぎ落ち着きます。

「これから何が始まるのかな」「お兄さんの名前は何ていうのかな」「お姉さんは優しいのかな」と、子どもたちの思いは膨らみます。ドキドキしながらも、いろんなことを伝えたいという気持ちが生まれてきます。ワクワク気分で子どもたちと一緒に楽しみましょう。運動は得意だけど工作はどうも苦手で……歌は得意だけど絵は上手く描けなくって……それぞれの得手不得手はありますが、まずは1つ作って演じてみませんか。子どもたちの笑顔と笑い声に励まされ嬉しくなります。エネルギーとなり自信につながりますね。自己紹介のアイテムは、見本と同じものを作ることから始めてみることもおすすめです。その後は、創意工夫しながら自分だけの作品作りに是非チャレンジしましょう。これを機会に、児童文化財の引き出しも増やしていくと、子どもたちとの距離はもっと近くなりますよね。

★自己紹介のポイント

①心から楽しく演じること

笑顔で明るく大きく口を開けてはっきりと話しましょう。全員の子どもたちに伝わるように、一人一人の顔を見ることが大切です。

②練習は何度でも行うこと

大きめの鏡を前に練習しましょう。顔の表情やアイテムの動かし方など、子ども目線で見ることができます。

step3 社会とつながる

学習期間　　年　　月〜　　年　　月

▶ 1　社会人としての基本　実習の目的から考える
　　　他者視点に立って考える

　実習生とは言えども、子ども（利用者）や保護者から見れば職員と同じです。そのため、社会人としての振る舞いが求められます。社会人になるにあたって自己の課題を明らかにするため、以下の表に4段階でチェックしてみましょう。また、そこから見えてきた課題を明らかにしていきましょう。

　**自己課題シート**

（4：十分できている　3：ある程度できている　2：苦手である　1：できない）

	評価項目	チェック日	評価	チェック日	評価	心配なこと
生活習慣	日々健康管理に気を付けていますか？	月　日		月　日		
	基本的な挨拶はできますか？	月　日		月　日		
	基本的なマナーは身に付いていますか？	月　日		月　日		
	清潔感のある身だしなみはできていますか？	月　日		月　日		
	持ち物の自己管理はできていますか？	月　日		月　日		
	部屋の掃除方法や様々な道具の使い方などを習得していますか？	月　日		月　日		
	十分に睡眠時間を取っていますか？	月　日		月　日		
	早寝早起きはできていますか？	月　日		月　日		
	1日3食バランスのとれた食事をとっていますか？	月　日		月　日		
	養成校の授業では遅刻や欠席はありませんか？	月　日		月　日		
社会規範	約束を守ることはできますか？	月　日		月　日		
	時間を守ることはできますか？	月　日		月　日		
	公共の場でルールを守ることはできますか？	月　日		月　日		
	他者への配慮はできますか？	月　日		月　日		
	子どもの権利について意識していますか？	月　日		月　日		

Part 1 保育のドングリを磨く──実習事前指導

コミュニケーション	友達など他者とうまくコミュニケーションは取れていますか？	月　日	月　日	
	集団ではうまくコミュニケーションは取れていますか？	月　日	月　日	
	家族やコミュニティとうまくコミュニケーションは取れていますか？	月　日	月　日	
	敬語はきちんと使えていますか？	月　日	月　日	
	話し言葉と書き言葉の使い分けはできていますか？	月　日	月　日	
自己管理	困ったことがあるときに問題を明確にし、そのことに対処しようと努力できますか？	月　日	月　日	
	ストレスに対処し、情緒の安定を図ることはできますか？	月　日	月　日	
	自分自身の心身の状況を常に捉え、適切に対処できていますか？	月　日	月　日	
	困ったときには他者へ報告・連絡・相談をするように心がけていますか？	月　日	月　日	

チェックリストから見えてきた自分にとっての課題を 200 字程度で書きましょう。

 ## 笑顔の力

　あなたの笑顔が出会った人を幸せな気持ちにできたらいいですね。

　実習生の笑顔が子ども、保護者、職員、地域の人を幸せな気持ちにさせることができるのです。最初は緊張して顔がこわばり、挨拶も小さな声で、姿勢も前かがみになっていた実習生がいました。子どもと遊ぶことがなく、何をしたらいいのかわからず困った顔で立っていました。

　しかし、徐々に子どもに慣れてくると、緊張がほぐれて、声も大きくなり、姿勢も正しくなり、挨拶も相手の目を見て言えるようになり、少しずつ笑顔がでてきました。すると「先生、遊ぼうよ」「先生、隣に来てご飯食べてね」と子どもから実習生に近寄ってくるようになりました。子どもが実習生を慕ってくれるので、困った顔が「どうしたら子どもが楽しんでくれるのか」「何をしたら喜んでくれるのか」と子どもと向き合うようになっていきました。笑顔の力が子どもを引き寄せたのです。

　そして、子どもが自宅に帰ってから「先生と遊んで楽しかったの」と家族に報告すると、保護者も「先生と遊ぶことを楽しみにしているのですよ」と笑顔で話しかけてくれるようになりました。職員とは最初は会話が少なかったのですが、子どもと関わることで疑問がうまれ質問をするようになり、良好な関係になっていきました。実習最終日には子どもたちが実習生の姿が見えなくなるまで「先生、バイバーイ、バイバーイ」といつまでも手を振っていました。実習生も子どもとのお別れが寂しくて泣いていました。笑顔が周りを変えて、笑顔が自分を変えたのです。

　これから、いろいろなことがあると思います。笑顔の力で前を向いて、エイエイオー！。

▶2　健康な体をつくる──日常生活での配慮

　保育者は、日々子どもの健康や安全を考えています。そのためには自分自身が健康であることが必要です。健康な心と体をつくるためには、表の項目をチェックするとともに、対処方法を考えてみましょう。また日常生活を見直してみましょう。不安なこと、心配なことがあれば養成校の教員、保健センターに相談しましょう。

 検査事項と対処方法の表を完成させよう

項目	チェック日	評価	対処法
健康診断は受けましたか？　また、健康診断書は発行してありますか？	月　日		
腸内細菌検査を受けましたか？　また、結果報告書は発行されていますか？	月　日		
麻疹、風疹等の抗体検査は受けましたか？　また、結果報告書は発行されていますか？	月　日		
インフルエンザの予防接種は行いましたか？	月　日		
体調面で不安なことはありませんか？	月　日		
治療中の病気はありますか？	月　日		
喫煙していますか？	月　日		
実習前に海外旅行の予定はありますか？	月　日		
実習前にアルバイトを行う予定はありますか？	月　日		
食べるものに気を付けていますか？	月　日		
食べられないものはありますか？	月　日		
睡眠はとっていますか？	月　日		

『保育実習の手引き』淑徳大学保育実習運営委員会編（2017）

保育現場での感染症の実際とその対応

★感染症の危険性

　子どもたちが集団で過ごす保育現場では、油断をするとあっという間に感染症が広がってしまいます。また、季節に関係なく１年中、感染症が発生するので常に注意が必要となります。

　感染症は数日で完治するものから重い合併症を伴うもの、一気に体力を失うものなど様々です。いずれにしても感染症にかかると体調を崩すだけでなく、それがきっかけとなり命の危険につながることもあります。特に年齢の低い乳児や慢性疾患のある子どもは、その危険性が高いので注意が必要です。合わせて出席停止となり、就労している保護者にとっては勤務できない日が生じて、仕事や収入に影響が出る場合もあります。また、感染症は子どもだけでなく、保育に関わる職員にも感染します。大人が感染すると子どもより重篤な症状となる場合もあります。ですから保育現場は健康で安全な環境を保ち、乳幼児とそこに関わる人たちが安心して過ごせるために、感染症の発生と拡大については細心の注意が必要となります。

★感染症対策のポイント

　感染症は日頃の習慣と配慮で、そのリスクを大きく避けることができます。一人一人がその必要性を理解し、実践していくことが大切です。また、保育者が感染源となることは、できるだけ避けなければなりません。そのためにも保育に関わるすべての職員は、日常生活において常に感染症対策への意識を持って行動しましょう。

　感染症には飛沫感染と接触感染があります。それを知ったうえで必要な対策を自分で講じていくことが大切です。いずれの感染症にもこまめな手洗いとうがいが有効です。必要に応じて市販のマスクや消毒液を使用したり、流行時には人ごみを避けたりすることも心がけましょう。また、日頃からしっかり食事と睡眠をとり、生活リズムを整えて基礎体力を備えておくと感染への抵抗力が高くなります。合わせて貝や生肉、賞味期限切れのものなど、食中毒にならないための確認や留意も大切です。必要な抗体を調べて、必要に応じて予防接種も受けておきましょう。これらのことは実習直前に行おうと思っていても、なかなかできないものです。日頃から自分の体調や健康管理に意識して、実践しながら習慣付けていけるようにしましょう。

▶３　書類の作成

　実習先があなたを知る最初のものは、あなたが書き、保育者養成校が実習先に送付する紹介票です。紹介票は実習先にとって実習生をより理解する点において重要な情報となります。そのことを踏まえたうえで丁寧に心を込めて記載することが大切です。貼付する写真についても細心の配慮が望まれることも必須です。

　実習に向けての心構えをもとに自分自身を客観的に見つめて項目ごとに記入してみましょう。

 実習生紹介票を書いてみよう

実習に向けての抱負

性格（長所・短所）

趣味・特技

ボランティア経験

 ほうれんそうの大切さ

　幼稚園や保育所の現場にあって欠かせないものの1つとして「ほうれんそう」という言葉をよく耳にします。報告・連絡・相談の頭の文字を並べて報連相ということです。

　その大切さを理解するために事例を紹介します。

　戸外遊びで鬼ごっこをしていたとき、アヤちゃんが足をもつれさせて転んでしまいました。少し泣いていましたが、すぐに泣き止み「だいじょうぶ」と言うのでそのまま遊びを続けました。アヤちゃんは家に帰ると転んだときに擦りむいた膝をお母さんに見せながら泣き出したようで、お母さんから担任に問い合わせがありました。実習生から報告を受けていなかった担任はまず、保護者にお詫びしながら電話口でアヤちゃんに話を聞き、翌日、事実確認をして保護者のお迎えを待って説明とお詫びをしました。保護者との信頼関係に関わる大変な事案となってしまいました。転んだときに傷を確認し、直ちに担任に報告をして、傷の手当等の指示をあおぐべきでした。

保育中の出来事では
・子どもたちのけんかやトラブル
・保育用品の破損や故障を発見したとき
・保護者からの伝言

実習に関することでは
・遅刻、欠席、早退（急病、事故、忌引き）
・実習中の疑問や不明な点
・保育の事前確認

▶ 4　社会への参入

　みなさんは学生という立場のまま、実習を通して、学外の社会人の方々と共に社会人の一人として保育の仕事を学ぶことになります。すなわち、社会へ参入する第一歩を踏み出すことになります。社会へ参入するうえで、社会人としての振る舞い・習慣や守らなければならないマナー、お世話になる組織内でのルールが存在します。ここでは、実習を通して、社会へ参入する機会を得た立場の実習生として、必要なことを学んでいきたいと思います。

 ロールプレイから考えよう

　ロールプレイ（役割演技）とは、保育の職場において求められる現実に起こる対応場面を設定し、グループメンバーがそれぞれの役を演じながら、疑似体験を通じて、その人の立場を演じることで、実際に対応場面に出会ったときに適切に対処できるようにするための学習方法です。ここでは、①学校で、実習生が実習指導の先生に指導を受けたとき、②実習生が実習先で担任の先生に話しかけるとき、③実習生が実習先で園長先生と会話をするとき、④実習生の実習先に学校の実習担当の先生が訪問したときの４つの場面をポイントに置きながら、たとえば次のようなテーマでロールプレイをしてもらいます。ロールプレイは発表形式でグループごとに授業で見せ合う形式がよいでしょう。演じたら、必ずロールプレイを観ていた先生や学生に客観的な意見をもらいましょう。

ロールプレイのポイント	テーマの例（演じる役）
①学校で、実習生が実習指導の先生に指導を受けたとき	・実習前の実習事前指導で実習生の態度が悪く注意を受けている場面（学校の先生、注意を受ける学生、周囲の学生）
②実習生が実習先で担任の先生に話しかけるとき	・担任の先生が他の業務で忙しいときに、実習生がどうしても質問したい場面（担任の先生、実習生、周囲の先生、場面によっては子ども）
③実習生が実習先で園長先生と会話をするとき	・実習生が実習オリエンテーションの際に初めて園を訪れる場面（教職員、園長先生、実習生）
④実習生の実習先に学校の実習担当の先生が訪問したとき	・学校の先生が実習中に実習先に訪れて実習生に指導する場面（実習生、学校の先生、応対する先生）

 **お礼状を書こう**

　実習は、保育の職場の先生がお忙しい業務のなか、みなさんのようなこれから保育者として活躍する人を育てたいという思いから、業務外のことをお引き受けいただいているものです。みなさんの立場からは、感謝の気持ちをお伝えしたくなることと思います。そこで、実習でお世話になった諸先生方に向けて、お礼状を書きましょう。出すタイミングも大切です。あまり

1 実習に必要な資質・能力の基盤を築く

間をあけずに実習後1週間以内にお礼状をポストに投函しましょう。

①前文……頭語として「拝啓」を書きましょう。季語は月によって異なりますので、調べて書いてみましょう。

②主文……お礼を述べる文章です。

③本文……実習中に指導をいただいた感謝の気持ちや印象に残ったことを書きましょう。

④末文……感謝の気持ちと相手の健康と幸せを祈る言葉を書きます。「敬具」を書きましょう。

⑤自分の名前、園長名、（教）職員の皆様と書き、皆様に御礼を示します。

⑥封筒の住所……封筒の裏面の住所（差出人住所）は、学校の住所を書きましょう。

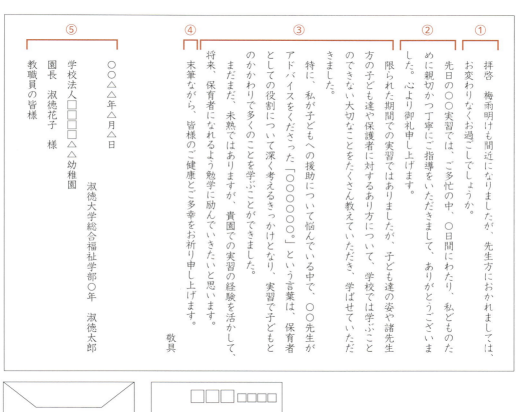

▶5 実習における倫理　守秘義務　個人情報

　実習を通して、子どもの人権を尊重し、子どもの最善の利益を実現する実際を学んでいきます。保育者における倫理は別のところで触れますが、実習生としての倫理としては、個人情報の保護という観点から、実習中に知り得た情報については、SNSへの書き込みや仲間とのやり取り、さらに軽い気持ちでの言動などが倫理に反することがあるため、気を付けなければなりません。さらに、自分の身をトラブルから守るためにも、子どもや保護者には自分の住所や連絡先を教えないようにしましょう。以下にワークとケースで具体的なことを学んでいきましょう。

こんなときどうする？
—— 各場面での対処法を考えてみよう

　次のような場面において、あなたは、どのような対処法をとるでしょうか。まずは、一人で次のシートに考えをまとめたうえで、グループになった人と意見交換し、考えたことをまとめてみましょう。

場面（出来事）	一人で考えた対処法	意見交換で考えた対処法
実習中に困った事態が発生して、自分では、どうしてよいのかわからない。		
同じ実習先に友達も実習に行っていて、その友達が実習指導者から指導を受けた際の愚痴をLINE等で伝えてきた。		
同じ実習先に友達も実習に行っていて、その友達が、子どもたちに向かって「ガキ」とか「ぶん殴るぞ」といった言葉を使っていた。		
実習中に友達から電話がかかってきて、実習先の先生や子どもの具体的な名前を出しながら、陰口を言っていた。		
実習中に指導を受けたことを逆恨みして、実習先でふて腐れた態度を終始とっていて、挨拶については先生のみならず保護者にもしなかった。		

1 実習に必要な資質・能力の基盤を築く

 小さなうっかりから実習が中断等になってしまった事例

　実習において、園児や保護者の個人情報を知りうる立場になります。多くの保育者養成の学校において、実習において知り得た個人情報については、秘密を守り、実習とは関係ないところで情報を漏らさないという「守秘義務」が課せられることを学びます。

　当然、実習生のなかで個人情報を実習以外の場で話したり、SNS にあげたりしている人はいないと思います。

　「個人情報保護法」をはじめ、個人情報を守る法令や社会・組織のなかでの決まりは、たくさん存在します。ここでは、個人情報について、認識不足から、実習を中断してしまった事例を 2 つ紹介します。

　小さなうっかりから大きな社会的な影響を与えてしまう怖さが存在することを知り、個人情報を守る姿勢を実習生のうちから身に付けておきましょう。

〈事例 1 〉実習中に記念に写してもらったクラスの集合画像を SNS に投稿した例

　実習も終わりに近づき、担任の先生が実習生の思い出にと、クラスの子どもたちと実習生の集合画像をデジタルカメラで撮ってくれました。あくまでも、実習生の記念のためにとの思いでの行為でしたが、この実習生は、実習が終わったその日の夜、SNS に「実習が終わったよ」というメッセージとともに園児たちと一緒に写っている自分の画像をアップしてしまいました。

　結果として、写っている園服や SNS のこれまでの内容から地域や園が特定されて、次の日に園には、抗議の電話が殺到しました。園長先生が実習生から事情を聴くことになり、実習が終わったにもかかわらず、呼び出され注意を受けました。その後、学校にも連絡が入りました。

　結局、この実習生は、実習に行ったにもかかわらず、守秘義務を守れなかったことが大きな理由となり、実習取り消しの処分となってしまいました。

　個人情報保護法は、その人の顔などの容姿についても個人情報とみなしていますので、画像等の情報への取り扱いに気を付けなければなりません。

〈事例 2 〉児童相談所一時保護所の場所を特定されてしまった例

　多くの児童相談所一時保護所は所在地を明らかにしていません。子どもにとって安全な一時保護を保障するための施設だからです。一時保護所に実習に行った学生が、SNS で毎朝、「一時保護所で実習です」「今、海沿いのモノレールに乗っています」といった情報を投稿していたところ、SNS を閲覧していた人から場所が特定されるようなことを投稿していいのかと行政機関に苦情が行き、実習生が呼ばれて注意を受けました。結局、実習途中で、実習取りやめになり、本人および学校の先生が関係各所に謝罪しました。

2 実習に必要な専門性を養う

 実習日誌を書く力をつける

学習期間　年　月〜　年　月

▶ 1　実習とは何か　実習の目的と形態　現場で学ぶ　実習課題を持つこと

　実習は、子どもの姿や保育者の援助などを客観的に観察して学ぶことを目的とした「観察実習」、子どもたちのなかに入り込んで、子どもと関わりながら子どもの姿や保育者の援助について参与して学ぶことを目的とした「参加実習」、さらに、実際に保育を担当し、保育実践を行いながら学ぶことを目的とした「責任実習」があります。「責任実習」のなかでも、一部分を任される「部分実習」と1日全体を通してクラスを任される「全日実習」に分けることができます。保育現場で学ぶ内容には、学校で学べないことが数多くあります。そのため、何を学ぶのかを明確にして実習課題を立て、実習に臨む必要があるでしょう。

　実習課題とは

　実習が始まると、日頃とは異なった環境に身を置くため、きちんと学んでいるつもりでも、そのうちに、自分はどのようなことを実習で学びたかったのか、何に着目をしながら実習に取り組みたかったのかがわからなくなってきます。実習で、いわゆる「自分を見失う」ことになってしまいます。みなさんは、知らない土地に初めて出かけたときに道路標識、いわゆる道標を頼りに目的地まで行きませんか。その理屈と同じで、みなさんにとって、実習は今までに経験したことがない出来事です。そこで、自分は実習で「こういうことを中心に学びたい」「こんなことに着目しながら学びたい」という実習課題を、実習に入る前に毎日立てると「自分を見失った」ときに、「何を学びたかったのかな……」と実習課題を見返すことで、何を学ぼうと実習しているのか「自分を取り戻す」ことができます。いわゆる実習課題は、実習の「道標」なのです。ですから、自分が学びたいポイントを押さえて、実習課題を立てる必要があります。
　実習課題を立てると言っても、立てる視点が限られていますので、次の視点から実習課題を考えるとよいでしょう。

★子どもの月齢・年齢ごとの発達　★保育者の援助　★保育者が設定する環境構成
★（保育）施設の役割　★子どもたちの関係性　★子どもの遊びの展開　★子どもの教材　など

 **実習生の立ち位置を考えてみよう**

　これは４歳児が登園後、自由な遊びをしている場面です。保育者は製作コーナーにいます。20名の子どもたちがそれぞれの動きをしています。あなたならどこで観察実習をしますか。ＡＢＣＤＥＦの位置のどこに立ちますか？

○子どもたちの遊びの邪魔にならない位置　○全員が見える位置　○保育者や子どもたちの視線をさえぎらない位置　○子どもたちの動線や避難路を意識した位置　○危険が予想される子どもの動きに対処できる位置

　あなたも見られていることを自覚して!!

 「負けて　悔しい　楽しいリレー」

　実習に入った年長のクラスでは、鬼ごっこやリレーを楽しむ姿がたくさんありました。

　私はリレーでは、子どもたちが転ばないように配慮したり、順番がわからなくなったり、パートナーの列が崩れたりしないように見守っていました。リレーが始まると、安全を第一に考えていました。そのことが、実習生としては一番大切なことだと思っていました。でもその日の実習担当の先生との話し合いのなかで、「実習は勉強ですが、楽しんでいませんね。」と言われました。私は実習とは、実習担当の先生から学ぶこと、子どもが怪我をしないように見守ることが大切で、子どもと一緒に楽しむという思いはありませんでした。

　次の日、子どもたちはいつものようにバトンを出して、トラックに並び始めました。私も、いつものように列の隣で見守っていましたが、一人園児が足りなくなったので、「そうだ！」と思い、「私も一緒に入れて」と言ってみました。すると「いいよ」と返事が返ってきました。列の一番後ろの子とパートナーになって並びました。子どもが走る様子を見守りながら、列が崩れないように声をかけたり、仲間に入ったチームの応援をしたり、リレーの進行状況に一喜一憂しながら、子どもたちと一緒の感覚になり盛り上がりました。私は最後の列についたので、アンカーになりました。バトンを受け取って、自分なりには一生懸命走ったつもりでしたが、前を走っている子を追い越すことはできませんでした。負けてしまいました。「アーア！」とチームのみんなは残念がりました。でも、「次は頑張ろうね」「惜しかったね」「もう少しだったね」「残念！」など、口々に言い合いながらリレーは終了しました。疲れたけど満足感を味わったリレーでした。子どもと同じ思いを共有できた満足感でした。楽しむということはこういうことなんだと、先生のお話されたことが実感できました。

▶2 実習日誌の目的と留意点

1 実習日誌の目的

　実習日誌（実習ノート、実習記録）は、実習の事前学習からはじまって、実習中、事後学習において使用するものです。したがって、後になって実習日誌を読むことによってどのような実習を行い、何を学んだのかわかるようになります。

　実習中の1日の生活は忙しく、あっという間に終わってしまいます。子どもたちの登園から降園までを細かく振り返ることには限界があります。したがって、実習のはじまりから終わりまでを一度にまとめて省みることは困難です。そんなときに、実習日誌は重要な役目を果たします。

　実習日誌には日々の出来事、それに対する感想や考察などを1日の時点で記録します。それによってどのような実習を行い、どのような学びをしたのかを知る尺度になります。記載された内容は、実習施設や養成校において点検を行い、指導する際の重要な資料になります。そのため、記録した者にしかわからず、自分でも後になって理解できないような内容であれば日誌は意味をなしません。ほかの誰が読んでも実習によって得た事柄や実習期間の出来事を十分に理解することができるように記録することが大切です。

2 留意点

　実習日誌の内容は、その日のねらい、実習の段階によっても変わります。基本となる時間の流れ、子ども（利用者）の活動、保育者（指導員）の動き、配慮など具体的に正確に記録しましょう。実習日誌を記述する際に留意すべき事項として以下のようなことがあります。

・簡潔にメモしておきましょう。そのため実習の状況に応じてポケットなどにメモ帳とペンを常備して活用するとよいでしょう。
・指導者に見せるものなのでわかりやすく、誤字・脱字のないように書きましょう。国語辞典を適宜引くように心がけましょう。
・謙虚な態度で、批判的な表現は使わないようにしましょう。
・文体は統一させましょう（「である」ないしは「です、ます」）。
・主語を忘れずに書きましょう。
・保育者（指導者）や子ども（利用者）の実名は書かずにイニシャルなどを用いましょう。

 実習記録とは

　実習記録には様々な書き方、考え方があります。具体的な記録の書き方は、各実習施設の方針によって異なるので、原則として実習担当の保育者（指導者）に従って書くようにしましょう。
　最も一般的な記録としては、「時系列記録」があげられます。1日の生活の流れと子ども（利用者）と保育者（支援者）の活動、実習生の実践を振り返り、記録するものです。通常、日付、天候、実習クラ

ス名、年齢、在籍者数、担当指導者名、出欠状況、実習目標、行事などを記入します。そして1日の保育の展開について、子ども（利用者）の活動、保育者（支援者）の援助、実習生の動き、実習生の気付きなどの視点で時系列に書いていきます。最後にそれらを踏まえたうえで、全体的な感想、反省、考察を記入します。

　ほかには「エピソード記録」というものもあります。保育中に心が揺さぶられ、印象付けられた出来事（エピソード）を中心に記録していくものです。エピソード記録では、その出来事の背景を記載するとともに、出来事のあらましが読み手に伝わるように書くことが求められます。そして、保育現場における自らの思いを描く必要もあります。また、子どもの発達など具体的な視点を持って、エピソードについての考察を書きます。このようなエピソード記録は、自らの保育の意味や子どもの育ちを検討することにつながっていきます。

　そのほか、近年、保育の現場では、文字、映像、音声などを駆使して、出来事すべてをドキュメンタリーのように記録しようとする「ドキュメンテーション」が取り入れられています。ある1つの出来事を描き出すだけでなく、子どもの共同的、継続的な遊びを一定期間追ったりするものもあります。また、「ポートフォリオ」があります。日常の記録やエピソード、子どもの作品、写真など厚めのファイルにファイリングしていくものです。そのほか「環境図を用いた記録」などもあります。

　記録の様々を知り、実際に実習に入った際に困らないよう調べておきましょう。

 子どもの豊かな遊びを育む環境構成を考えてみよう

　保育は環境を通して行うものです。保育室は重要な物的環境であり、豊かで応答的な環境を構成していくことが大切です。

　そこで、以下の保育室（保育所・1歳児クラス）の環境図、写真A・Bをもとに子どもたちの豊かな遊びを育む保育室内の環境構成を考え、環境図に書き足してみましょう。また、どのような遊びが生まれるかについても考えて記してみましょう。

【写真A】　　　　　　　　　【写真B】

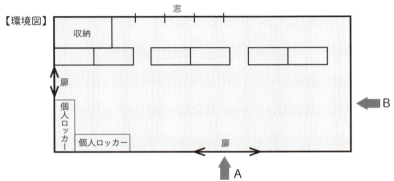

Part 1 保育のドングリを磨く──実習事前指導

▶3 時系列記録

　時系列記録は最も一般的な実習の記録であり、最初の実習から必ず記述するものです。この記録では、生活の流れ、子どもと保育者の活動、実習生の動きや気付きを時間の流れとともに記述します。それぞれの項目を時間ごとに揃えて書く必要があります。

第　6　日　　　　　　　　　　　　　　　　　　　　　　　　　　　　　　指導担当　淑徳花子　先生

6月25日　月曜日	天候	晴れ	氏名	○○○○
クラス名　すみれ組（4歳児）		在籍　20　名／出席　19　名・欠席　1　名		

実習課題

園外での活動の様子を知り、普段と異なる場での保育者の配慮や援助を学ぶ

時間	子どもの活動	環境構成・保育者の援助	実習生の動き・気付き
7:15		・保育室内のものをテラスに出し、テラスを掃除する。 ・園庭を掃除する。	・保育室内のものをテラスに出し、テラスを掃除する。 ・落ちているものを見分けながら園庭を掃除する。
8:10		・朝の打ち合わせをする。	・朝の打ち合わせに参加する。
8:30	★登園する ・朝の支度をする。 ・支度が終わった子どもは好きな遊びをする。	・元気に挨拶をして、子どもたちを出迎える。 ・見通しがもてるように支度を終わらせるよう伝える。	・子どもに挨拶をし、朝の支度が進んでいるか声をかける。 ・子どもたちの遊びを見守る。
9:00	★片付けをする ・朝の集まり ・「七夕さま」「お星さま」「おまつり」を歌う。 ・「朝のごあいさつ」を言う。 ・挨拶をしてから座る。 ・保育者の話を聞く。 ・返事をする。 ・欠席を職員室に伝えに行く。 ・今日の天気を答える。 ・明日の当番を伝える。 ・絵カードを見ながら、今日の予定を聞く。	・時間になったことを伝え、まだ支度が終わっていない子どもにも声をかける。 ・ピアノを弾きながら歌う。 ・元気に朝の挨拶をする。 ・扇風機について話す。 ・子どもたちの名前を呼ぶ。 ・欠席当番が職員室に行っている間に天気調べをする。 ・今日の予定を、絵カードを見せながら伝えていく。	・子どもたちと一緒に片付けをする。 ・子どもたちと一緒に歌う。 ・挨拶をする。 ・子どもと一緒に話を聞く。 ・今日の予定を確認する。
9:30	★出かける準備をする ・トイレに行き、水分補給をしてから帽子をかぶって外に出る。上履きを輪ゴムでとめてもっていく。 ・バスに乗って給食センターに向かう。	・トイレに行き、水分補給をした子どもから帽子をかぶり外に出るように伝える。子どもたちの上履きを輪ゴムでとめる。 ・子どものシートベルトを調整しながらとめる。 ・子どもたちの期待感を共有するよう話を聞く。	・帽子が見つからない子どもと一緒に探す。 ・子どもたちのシートベルトを調整しながらとめる。

時間	子どもの活動	環境構成・保育者の援助	実習生の動き・気付き
9：50	★給食センターの見学 ・給食センターの外を一周しながら見学する。 ・給食センターの中に入り見学する。 ・一人ずつ鍋をかき混ぜる体験をする。 ・聞きたいことをセンターの職員に質問する。 ・全員でお礼を言い、バスに乗って園に戻る。	・子どもたちにわかりやすいよう説明をする。 ・子どもたちの言葉に共感したり、一緒に見たりする。 ・一人でできない子どもを手伝ったり、応援したりする。 ・子どもたちとお礼を言い、バスに乗車する。	・子どもたちと一緒に話を聞きながら見学をする。 ・子どもたちとセンターの様子を見たり、一緒に考えたりする。 ・子どもたちに感想を聞く。 ・子どもと一緒にお礼を言い、バスに乗車する。
11：00	★給食 ・保育室に戻り、手洗い、うがい、水分補給する。 ・給食の準備をする。 ・当番の子どもは給食を取りに行く。 ・配膳する。 ・汁物を取りに行く。 ・「お弁当（給食）」を歌う。 ・献立を聞き、挨拶をして食べはじめる。	・手洗い、うがい、水分補給するように伝える。 ・テーブルを出す。 ・子どもたちと給食を取りに行く。 ・おかずをよそう。 ・子どもの名前を呼ぶ。 ・ピアノを弾いて歌う。 ・献立を紹介して、挨拶をする。 ・子どもと給食を食べる。 ・見回り、子どもたちの食べる状況を把握する。	・テーブル、棚の上を拭く。 ・運んで来た給食を受け取る。 ・ごはんをよそう。 ・汁物の量を調節する。 ・子どもと一緒に歌う。 ・保育者の分の給食をよそう。 ・子どもと給食を食べる。 ・見回りながら、残っているものを食べるように声をかける。
12：00	・挨拶をして、呼ばれた列から片付ける。 ・歯磨きをする。 ・歯磨きが終わった子どもからテラスで絵本を見る。	・挨拶をしてから、列ごとに呼び、片付ける。 ・テーブルを拭く。 ・歯磨きの様子を見守る。 ・歯磨きが終わった子どもから、テラスで絵本を見てよいと伝える。	・モップで保育室の前を掃除する。 ・テーブルを片付ける。 ・台拭き、雑巾を洗う。 ・子どもたちと一緒に絵本を見る。
12：45	★午後の活動 ・保育室に戻り、ビデオを見る。 ・呼ばれたら制作を行い完成させる。 ・一列に並び、おたよりを受け取る。 ・水分補給を行い、トイレに行きたい子どもは行く。 ・靴を履いている子どもはそのまま外に出る。 ・園庭で自由に遊ぶ。	・保育室に入ってよいことを伝え、ビデオの準備をする。 ・制作が終わっていない子どもを呼び、完成するよう促す。 ・おたよりを配り、しまい方を伝えてから順番に渡す。 ・水分補給をしてから裸足になりたい子どもだけ裸足になって外に出るよう伝える。 ・安全面に気を付け、見守ったり、一緒に遊んだりする。	・子どもと一緒にビデオを見る。 ・水筒を外に運び、ベンチの上に置く。 ・子どもの様子を見守ったり、一緒に遊んだりする。
14：20	★お片付け ・片付け始める。 ・足を洗い、手洗い、うがいをし、帰りの支度をする。	・片付けの時間になったことを伝え、片付け始める。 ・足を洗ってから、手洗い、うがいをして支度をするよう伝える。	・子どもに声をかけ、片付けはじめる。 ・帰りの支度が進んでいない子どもに声をかける。

Part 1 保育のドングリを磨く──実習事前指導

時間	子どもの活動	環境構成・保育者の援助	実習生の動き・気付き
14：40	★帰りの支度 ・ピアノの前に座り、手遊びをしてから絵本を見る。 ・「おかえりの歌」を歌う。 ・帰りの挨拶をして、帰りの支度が終わった子どもから外に並ぶ。 ・コースごとに分かれて帰る。	・帰りの支度が終わっていない子どもの手伝いをする。 ・子どもと一緒に歌う。 ・帰りの挨拶をする。 ・コースごとに分かれて子どもと歩き、見送る。	・手遊びをし、絵本（『うずらちゃんのたからもの』）を読む。 ・立つことを伝え、ピアノを弾く。 ・帰りの挨拶をする。外に出て、コースごとに並ぶよう伝える。 ・整列をしてから移動する。
15：00	・降園		・保育室の掃除をして、テラスのものを保育室内にしまう。 ・日付を明日に変え、シールを切る。 ・七夕飾りの準備をする。 ・退勤

〈感想・反省〉

　今日は、バスに乗って給食センターの見学をするということで、朝登園してきたときから楽しみにしている子どもや、緊張している子どもなど、子どもたちのなかでも様々な姿が見られた。年中児にとっては初めての場所であるため、どのような場所であるのか、また、何をしにいくのか、わからない子どももなかにはいたと思う。いつもと違うことに関して、敏感な子どももいると思うため、「今日は何があるのか」「どこに何をしにいくのか」などの朝の集まりでの説明は非常に大事なものであると改めて感じた。朝登園してきたときに、今日の絵カードを見て「？」のところは何だろうと言っていた子どももいたため、子どもたちも毎日の習慣で今日はどんなことがあるのかを自分たちで確認するようになっているのだと思った。そのことからも、言葉で伝えることにプラスして、視覚的に子どもたちに理解してもらえるような工夫が大切だと学んだ。保育室内にあるもので、子どもたちに視覚的に伝えているものが多くあることに気付き、それを子どもたちが確認して朝や帰りの支度をしている姿も見ていたため、子どもたちに伝えたいことがあるときには、視覚的にも工夫してみようと思った。

〈考察〉

　帰りの集まりの時間を担当させていただいた。すみれ組での帰りの集まりは２回目ということもあり、比較的流れは頭に入っていた。しかし、子どもたちの話をどこまで聞いてよいか、どのタイミングで子どもたちから話すことを遮って、私が話を始めればよいのか難しかった。絶対にこうしなければならないという答えはないと思うが、そこでいつも迷ってしまう。自分なりには、今は先生からの話を聞く時間で、また後で話を聞くと伝えることが適切であると考えた。何事も試してみなければわからない。実践してみようと思う。責任実習までの時間で実践し、上手くいかなくても別のやり方を試したり、保育者の援助を見たり、質問したり、学んでいきたい。成功することではなく、そこまでの過程を大事にして、学んでいきたい。

授業を時系列記録してみよう

　自分が大学・学校で受講している授業を1つ取り上げて時系列記録してみましょう。保育者は授業を担当する先生、子どもと実習生については授業を受けるみなさんに置き換えてみましょう。

第　　　回　　　　　　　　　　　　　　　　　　　　　　　　　　指導担当　　　　先生

月　日　曜日	天候	氏名	
クラス名		在籍　　名／出席　　名・欠席　　名	
学習課題			

時間	学生の活動	環境構成・教員の援助	学生の気付き

▶4 エピソード記録

　ある実習生のエピソード記録の例です。エピソード記録では1日に起こった印象に残る出来事を取り上げ、その背景と事実を記すとともに出来事の考察を深め、明日につながるよりよい保育のあり方を考えていきます。

指導担当　淑徳花子　先生

第　8　日						
	5月　18日　水曜日		天候	晴れ	氏名	○○○○
クラス名	すみれ組（3歳児）			在籍　19　名／出席　17　名・欠席　2　名		
実習課題						
衣服の着脱の援助を子どもにあわせて工夫して行う。						

〈事実〉

　園服を脱ぐとき、ボタンが外れずに友達にやってもらっているAちゃんが私の視界に入った。私はAちゃんに「きっと自分でできるから挑戦してみたら」とたずねた。すると、Aちゃんは「できないもん」と言って挑戦しようとしなかった。私は、今できなくても練習すればできるようになるということを感じてほしいと思い、「お姉さん先生が教えるから一緒に練習しよう」と言った。するとAちゃんはそっと頷いた。私は一番下のボタンを使って何度か説明をした。Aちゃんは案の定、苦戦し、浮かない表情で「やっぱりできないよ」と言って諦めそうになっていた。しかし、私は「さっきは惜しかったよ。もう少しだったね」や「Aちゃんならできるよ。頑張れ」と言葉がけを繰り返した。少し時間がかかったが見事自分の力で真ん中のボタンを外すことができた。Aちゃんは「はじめてできた」ととても嬉しそうに言って、自ら一番上のボタンに挑戦し始めた。真ん中のボタンよりも苦戦していた様子から、「一番上のボタンは難しいから、お姉さん先生がやるね。真ん中のボタンは頑張ってできたから、次は全部のボタンを外せるように頑張って挑戦しようね」と言った。しかし、Aちゃんは首を横に振り、できるまで粘り続けた。その結果、自分の力でボタンを外すことができ、満面の笑みで喜びを表現した。私も、自分のことのように嬉しくなり、その喜びを共有することができた。そして私は「練習をたくさんすれば、できないこともできるようになるから、次も頑張ろうね」と言った。Aちゃんは気分良く「うん」と言った。

〈考察〉

　3歳児は基本的な生活習慣が身に付く時期であるため、Aちゃんにもきっとできると思って私はこのような援助をした。真ん中のボタンができたときに、Aちゃんは頑張ればできるという成功体験と達成感を味わうことができ、自分に自信が持てたことから自ら一番上のボタンに挑戦し、諦めずにやることができたのではないかと考える。今回は励ましの言葉を用いてAちゃんの意欲を引き出すことができたが、担当保育士からの助言で、子ども一人一人の今の課題に沿った援助が大切であることを学んだ。性格や日頃の行動パターンからその子どもの苦手なところを導き出したうえで、援助をするのは容易ではないが、保育のスキルとしてとても重要な部分である。ただ連続して言葉がけを行うのではなく、子どもによっては少し間を置いてから、その子どもの気持ちを考慮したタイミングで言葉がけをしたり、言葉だけで伝わらない子どもには、できないとどうなるかを実際に行動に移して理解を促すことが必要である。子どもたちの「何でも自分でできる」という意識を育てることで、子どもたち自身の生活を律していくことにつながるようにしたい。

2 実習に必要な専門性を養う

 写真からエピソード記録を書いてみよう

　写真は、5月初旬、I幼稚園での3歳児の自由遊びの時間のものです。3歳児たちは入園から1カ月半たち、ようやく園生活にも慣れてきました。自分から保育者に関わりを求めたり、思いを伝えたりすることのなかったYくんは、園庭で木の切れ端を見つけて何かを訴えています。この写真や3歳児の発達の姿から、エピソードを考えてみましょう。

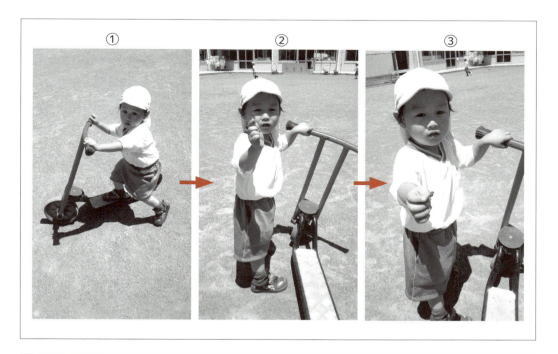

〈エピソード記録〉

事例

考察

▶ 5 反省・評価

　実習日誌は、ただ記録するものではありません。記録を通じて反省、評価し、明日のよりよい保育につなげるためのものです。ここでは、時系列記録から反省・評価を書くことを学びます。

 日誌例から反省評価を書いてみよう

　実習日誌の感想・反省・考察の例です。実習課題と時系列記録の下線部に注目してみましょう。自分が設定した実習課題や時系列記録をもとに振り返っています。このように記録が反省や評価の材料となるのです。

感想・反省・考察の記入例

実習課題			
状況に応じて子どもたちの気持ちに寄り添った言葉かけをする。			
時間	子どもの活動	環境構成・保育者の援助	実習生の動き・気付き
9:30	★戸外遊び ・お友達と一緒に好きな遊びや興味のある遊びをする。 ・体操の準備を手伝いたがる子がいた。 ★体操 ・自由隊形で保育士を見ながら	・事前に遊具や庭の安全点検を行う。 ・子どもたちの安全や、様子を観察しながら遊びに参加する。 ・体操のCDの準備 ・前で体操する保育者と子ども側で体操する保育者に分かれる。	・できるだけたくさんの子どもに声をかけながら、遊びに参加する。 ・「体操だから片付けしよう」と声をかけたが「いやだ」と言われ困ってしまった。 ・子どもたちと一緒に体操をする。
10:00	体操する。		
〈感想・反省・考察〉			
本日の実習では、事前の準備や環境設定の大切さと、年齢に応じた声かけの工夫について学ぶことができました。 　朝の体操のとき、いきなり片付けの声かけをしたら「いやだ」と言われて少し困ってしまいました。しかし、いきなり遊びを中断させられる子どもの気持ちも理解でき、時間に余裕を持って声をかけることの大切さを学びました。また、保育者が次の活動の準備をしている姿から、次の活動を理解して動き出す子どもの姿も見ることができました。言葉だけでなく子どもたちが自ら次に起こることをイメージして動き出すことができるのも、環境構成として大切なことだと感じ取ることができました。			

「記入例」を参考にして、時系列記録から「感想・反省・考察」を書いてみましょう。時系列記録の下線部に注目してください。

ある日の日誌（一部）

時間	子どもの活動	環境構成・保育者の援助	実習生の動き・気付き
11:00	★お片付け ・戸外で遊んだ遊具を片付ける。 ・片付けようとしない子がいた。（ほとんどの子がお部屋に入ってしまってもあわてない） ・部屋に入ってから、昼食の準備をする。（手洗い・うがい・配膳）	・昼食の時間になることを伝え、片付けの声かけをする。 ・子どもたちと一緒に片付ける。 ・上手に片付けられた子をほめていた。 ・テーブルを拭くなど昼食の準備をしながら子どもの動きに目を配り必要な声をかける。	・子どもたちと一緒に片付けをする。 ・数人の子と、一緒に食べる約束をする。 ・片付けが遅れている子に声をかけ、手伝いながら待つ。（最後の子と一緒にお部屋に入る） ・すでに席に着いている子がたくさんいた。 ・遅く部屋に入った子に寄り添いながらその子の食事の準備を手伝う。
11:30	★昼食 ・好きな子同士で自由に席に着く。 ・席の取り合いでトラブルになる。	・トラブルになっている子たちに話を聞いて折り合いをつける。	・一緒に食べる約束をした子たちは実習生の席を確保しようとして他の子とトラブルになってしまった。
〈感想・反省・考察〉			

▶6　実習日誌、指導案に用いる用語

　実習日誌や指導案を書く際には、幼稚園や保育所等における保育の基本から考えてふさわしい表現を使う必要があります。また、正しい日本語の表記を用いることが必要です。実習日誌や指導案は、指導をしてくださる保育者も目を通すものです。ここにあげるポイントをきちんとおさえるとともに、国語辞典を手元に置きながら丁寧に書くよう心がけましょう。また、実習日誌や指導案を書くにあたって、実習先の保育理念や方針に応じて臨機応変にふさわしい表記、表現を使うことも重要です。

　保育現場にふさわしい表現

①話し言葉と書き言葉の使い分け
　日常生活で話す言葉をそのまま文章にしていないでしょうか。SNSを用いたメッセージの普及に伴い、話し言葉と書き言葉の境界があいまいになってきたように思われます。書き言葉にするとともに文体を統一させて書くようにしましょう。

②使役的・強制的な表現は使わない
　幼稚園や保育所等における保育の基本は、子どもの主体的な生活を尊重することにあります。それゆえ、子どもへの働きかけを表現する場合に「～させる」「～を指示する」などの使役的・強制的な表現を避けるようにしましょう。たとえば「絵本を読んであげる」ではなく、「絵本の読み聞かせをする」と表現したいものです。
　ただし、使役的な表現を避けたいがために「～するのを促す」ばかりを使って表現するのも困ります。

③受動的な表現を使わない
　子どもの主体的な活動を基本とする保育の記録などでは、「～もらう」など受動的な表現を原則として用いないようにしましょう。「絵本を読んでもらう」ではなく、「保育者の絵本の読み聞かせを見る」などと表現したいものです。しかし、発達初期の乳児については、発達の援助として保育者が授乳やおむつ替えを行っています。こうした場合には「～もらう」と表現しても差し支えありません。

④保育の現場で使われる語を使う
　保育の現場では「園庭（所庭）」「保育室」など特有の語があります。それらを使うように心がけましょう。

⑤保育者の呼称
　幼稚園、保育所などの保育の現場では、保育をつかさどる者について「保育者」という呼称が一般的に使われています。しかし、制度的な語である「幼稚園教諭（教師）」「保育士」「保育教諭」を用いることもあります。実習先の指導方針に従って表記するようにしましょう。

⑥施設実習で使う用語
　保育所以外の児童福祉施設における実習においては、幼稚園や保育所などと異なる語が用いられます。「子ども家庭福祉」「社会的養護」などの授業で学んだことを振り返りながら適切な語句を用いるようにしましょう。

⑦否定的な表現は避けるようにしよう

否定的な表現は意識的に避けるようにしましょう。実習先では掃除や事務作業を行うこともあります。みなさんにとっては「雑用」と感じられても、保育にとって必要な「環境整備」であるのです。

⑧子どもの名前はイニシャル表記、人権への配慮

子どもの名前は個人情報ですので、原則として実名は用いずイニシャルで表記するようにしましょう。また、子どもを表現する際には人権に配慮した表現を使いましょう。

 言いかえたほうがよい表記・表現

保育の現場では言いかえたほうがよい表記・表現をいくつか取り上げます。どのような部分が保育の現場に適していないのか考えてみましょう。

保育の現場にふさわしくない表現	保育の現場にふさわしい表現
言う	伝える
させる	行う、誘う
してあげる	援助する
注意を引く	興味をむける
子どもに興味を持たせる	子どもの興味を引き出す
移動させる	誘う
トントンする	眠りを促す
寝かしつける	入眠に誘う
バラバラ	個人差があり
ちゃんと並ぶ	並んで順番を待つ
わがままを言ってしまう	訴えてくる
見せてくる	見せる
けんかをしてしまった	ぶつかり合いをしている
保育士の先生、職員の方	保育士
○歳児さん	○歳児
遅い子ども	ゆっくりな子ども
絵本を見ない子ども	早めに布団に入る子ども
けんかをしてしまった子ども	けんかをする子ども
大切だなあと思った	大切だと思った。

Part 1 保育のドングリを磨く──実習事前指導

step 2 指導案を作成する力をつける

学習期間　　年　　月〜　　年　　月

　日々の保育は、子ども理解に基づいた計画の作成、保育実践の展開、反省評価・改善に基づいた新たな計画の作成といった営みのなかで行われています。実習では、このような子ども理解に基づいた保育実践の営みを理解するために、1日のある部分を担当する「部分実習」、そして登園から降園までの1日を担当する「責任実習」を行い、子ども理解に基づいた計画力・実践力・反省力を培うことを目指します。

▶1　指導案作成前後の流れ

1　指導案作成前

担当クラス・担当日時の決定

　担当クラスや担当日時が決定したら、1日の保育のどの部分を担当するのか、時間はどの程度なのか確認しましょう。

子どもの実態把握・園生活の流れの理解

　実習園の1日の保育の流れやおおよその時間について把握します。生活習慣の自立の状況や遊びの取り組み、友達や保育者との関わりの様子、子どもたちの好きな遊びの傾向など、担当クラスの子どもの育ちや興味関心について把握します。子どもを捉える視点として5領域の視点から捉えてみるとよいでしょう。実習園には長年の経験から培われた園独自の慣習や文化があります。実習園で使用している名称を知っておくとよいでしょう。

保育内容の決定

　子どもの実態や園生活の流れをもとに、部分実習や責任実習の保育内容を考えます。保育の内容については早めに担当保育者に相談しましょう。

子どもとの関係づくり

　部分実習や責任実習の反省のなかで「もっと前から子どもたちと関わっていればよかったで

すね」と担任保育者から助言を受ける場合があります。保育は子どもとの関係のあいだに作られるもの。担当クラスが決定したら子どもたち一人一人と心のつながりを持てるように小さな出来事を大切に丁寧に関わってみましょう。子どもの実態把握や一人一人に応じた適切な援助の方法のヒントは子どもたちとの関わりのなかにあります。

2 指導案作成後

指導案を作成したら早めに担当保育者に提出し助言を受けます。子どもたちの実態に合わせた保育内容、子ども主体の保育実践に向け修正を行います。

 指導案は実習中育つもの（否定されたと思わない）

実習で乳幼児の実際に触れながら、子どもたちの姿を読み取り、現場の保育者の子どもに対する対応から学びえたことを文字にして、指導案の原案を一人で作成していく。作成しながらみなさんは、保育の営みの重要性やその責任を実感し、様々な思いや不安を抱くことでしょう。また、担当保育者からの助言を得て、ときには指導案の練り直しや書き直しに直面し、保育実践の複雑さや厳しさに思い悩むこともあるのではないでしょうか。

しかし、このような試行錯誤する過程こそが理論と実践を交差させる生きた学びです。保育とはどのようなことかということを問い直し、大切にしたいことを明確に子ども主体の保育をつくるための大切な過程です。子どもの成長発達を捉えた活動、保育の流れや段取りなど、大切にしたいことが明確になる。それは保育者のための力となります。このような試行錯誤を繰り返し、困難な状況を切り抜けたとき、子どもたちの生き生きとした姿は、あなたの真の喜びとなり、保育者になるための成長を実感することでしょう。

このような過程を経て、保育者としての第一歩を踏み出した実習生の事例を紹介しましょう。

〈事例①〉責任実習では１日の責任を負って行ったことによって、観察実習や参加実習では気付くことができなかった配慮や準備の大切さ一人一人の援助のしかた、言葉かけでは子どもたちにわかりやすい言葉を考えることなどを学ぶことができました。「これは、こうなんだ」と一言で言い切れない部分が数多くあります。しかし、今回の実習を１つの踏み台として、子どもを理解する努力をしていきたいと思います。

〈事例②〉責任実習を行い自分の足りない点や、子どもと関わっていくことの楽しさを知ることができました。指示の出し方やタイミングなど戸惑ってしまう場面が多くありましたが、子どもたちの真剣なまなざしや静かに待っていてくれる姿に助けられました。子どもたちの反応や関心に合わせた対応をしていく力が必要だと気付き、これからいろんな経験をして身に付けていきたいと思います。そして、一番知ることができてよかったと感じたことは、子どもたちと関わることの楽しさを知ることができたことです。

▶2 指導案作成上の留意点

指導案は実習生がやってみたいことを、子どもに「させたり」「与えたり」するために計画するのではありません。また、指導案は作成したらその通りに行わなければならないものでもありません。保育の主役は「今、ここ」を生きる子どもたち。そして、子どもたちの生活や遊びは連続性を持っています。このような子ども主体の保育を計画するためには、子どもの興味関心、保育者や友達との関わり、生活や遊びの様子など、子どもの実態を様々な視点から捉え

ることが大切です。つまり、指導案の作成は、子どもを理解することから始まります。そのうえで、「このようなことが育ってほしい」「このような体験・経験をしてほしい」などと子ども一人一人にふさわしい保育の内容を考えていきます。そのためには、子ども一人一人に願いや思いを持つことが大切です。そのような願いや思いが「ねらい」や「内容」へとつながります。「どのような環境を構成したらよいか」「どのような援助を行ったらよいか」など、具体的な保育内容や環境構成、保育者の援助を考え、指導案を作成します。指導案とは、子どもの姿や状況に柔軟に応じながら、適切に保育が展開されていくための方向性を具体的に示したものなのです。

 指導案作成上の留意点

・保育の「ねらい」「内容」は子どもの発達・興味関心に応じているか。
・園生活の流れは日々の園生活に即しているか。
・「子どもの姿」「ねらい」「内容」は相互に関連しているか。
・「ねらい」「内容」を実現するための「環境構成」「保育者（実習生）の援助」となっているか。
・子どもが「面白そう」「やってみたい」と思える導入を工夫しているか。
・安全面に配慮した「環境構成」「保育者の援助」となっているか。
・雨天の場合の保育内容も考えているか。
・保育の内容や流れ、園にお借りするものなど、担当保育者との話し合いを行っているか。

 指導案の項目について

指導案の主な項目について説明します。どの項目に何を書くのかを理解し、適切に記入しましょう。

★日時　クラス
実習をする日を記入します。クラスの構成も把握しておきましょう。

★子どもの姿
「ねらい」「内容」と関連させて記入します。

★ねらい
遊びや生活を通して子どもたちに育ってほしい事項を記入します。子ども側の「ねらい」となるので「〇〇を楽しむ」「〇〇に気付く」「〇〇を味わう」などの表現となります。

★内容
「ねらい」を達成するための具体的な保育内容を記入します。

★時間
１日の園生活の流れに沿ったおおよその時間を記入します。そのためには、園生活の流れをしっかりと把握すること、自分が実践する活動の所要時間について予測を立てておくことが必要です。

★環境の構成
主な活動時の保育室の環境図を描きます。子どもの活動する場所や実習生の立ち位置などについても記入しておきましょう。また、使用する材料や数量、絵本などについても記載します。

★予想される子どもの活動
子どもが主体的に関わる姿を記入します。実習生の指導案を見ると、「〇〇しない子どもがいる」「〇〇できない子どもがいる」といった表記をしている場合があります。「〇〇しない」「〇〇できない」

子どもが複数いるということは、保育内容が子どもたちに即していないということになってしまいます。

★保育者の援助

どのようなことに配慮するのか、どのようなことを大切に子どもに関わり援助するのかということについて記入します。この項目を記入するには、「ねらい」を明確にすることが大切です。また、実習中、保育者の行動だけではなく保育意図を読み取る努力もしてみましょう。

 発達に応じた援助

子どもの発達に応じた保育者の適切な援助を考えて、下の表に記入しましょう。

子どもの姿	援助
「ジブンデ」と言い、一人で着替えようとする（1歳児）	
ほかの子どもが遊んでいる人形を横取りする（2歳児）	
友達が遊んでいる様子を近くでじっと眺めている（3歳児）	
みんなでの活動に参加しようとしない（4歳児）	
友達と遊ばず保育室で一人で真剣に絵を描いている（5歳児）	

 指導案は生きている

　　実習のなかで、一番悩むのが部分実習や責任実習でしょう。そんなときは、担任としてあなたが子どもたちの前に立つ姿をイメージしてみてください。わくわくしてきませんか？

　　きらきらと輝く眼をした子どもたちと、どんな活動をしてみようか……運動遊び？　制作？　それともリズム遊び？　少しずつイメージが膨らんできましたね。そこで気を付けなければいけない大事なことがあります。それは、子どもたちがどんなことに興味や関心を持っているか、どのようにして遊んだり生活しているのかを知り、実態に即した計画を立てることです。そのためには、子どもたちの姿をよく観察し、活動に参加してみること、そして子どもの生活や遊びの連続性を尊重することが大切です。しばらく継続している遊びに、新たな要素を付け加えてみるなど、子どもたちが意欲的に活動できること、そして、その活動を通して育ってほしい姿を考えて計画を立てましょう。

　　指導案は、目の前にいる子どもたちをよく観察することから始まります。そして、指導案は、子どもの動きや興味の持ち方に応じて、柔軟に展開していくことが大切です。たとえば、子どもたちが乗りに乗って、「もっと続けたい」と求めたときには、できる範囲で予定の時間を過ぎてもいいのです。それを評価・反省し、次の課題につなげていくことが大切です。

　　つまり、指導案は生きているのです。

▶3 発達に応じた指導案

ここでは、異年齢保育を含む各年齢の指導案例を紹介しながら、発達に応じた指導案の書き方について学びます。

※以下で紹介する指導案例は各執筆者の保育実践経験（保育所・幼稚園・認定子ども園）をもとに、実習指導案として作成されたものです。

1 乳児クラスの指導案

乳児期は心身の発育・発達が著しい時期であると同時に個人差も大きいため、一人一人の子どもの状態に即した個別的な保育の計画を考えることが大切です。

乳児クラスの指導案例（保育所）

○月○日○曜日		天候	○	氏名	○○○○
クラス名	○○組（○歳児）		在籍　○　名（男児○名、女児○名）		
指導者名		○○先生			

子どもの姿	ねらい
・保育者との関わりのなかで安心して過ごせるようになってきた。 ・ハイハイが活発になり興味あるものを目指しては移動して遊んでいる。 ・高月齢児はつかまり立ちや数秒間自分で立てるようになっている。 ・音の出る遊具に興味を示し、触ったり振ったりして遊ぶ姿が見られる。 ・音楽をかけるとじっと聴き入ったり体を動かしたりして喜んでいる。 ・声を発したり身振り手振りで欲求を伝えようとする姿が盛んになってきた。	・保育者に見守られながら、這う・くぐるなど体を動かす遊びを喜んで行う。
	内容
	・段ボールトンネルやマットの山で遊ぶ。

時間	環境の構成	予想される子どもの活動	保育者の援助
8:30	○受け入れ準備をする。 ・余裕を持って受け入れられるように必要な準備は整えておく。 ・室内は掃除や消毒をして安全面と衛生面に留意して環境を整えておく。 ・柵や棚を設定して、安全につかまり立ちや伝い歩きができるスペースを用意しておく。 ・玩具は毎日消毒をして衛生的に保つ。 ・子どもが興味を持つような玩具を用意しておく。 ・握って遊べるように手のサイズに合うもの ・音の出るもの ・転がるもの ・積み木　など ・玩具は素材や内容を精選して上質なものを準備する。	○順次登所する。 ・保育者に声をかけられると安心して母親から離れられる。 ・保育者に抱きとめられて母親にバイバイと手を振る。 ○室内で遊ぶ。 ・棚や柵につかまり立ちをして屈伸のように上下したり、近くにある玩具に手を伸ばしたりして遊ぶ。 ・玩具を握ったりなめたりして遊ぶ。 ・音の出る玩具をたたいたり振ったりして遊ぶ。 ・転がるボールや筒状のものをハイハイで追いかける。 ・音楽をかけると体を上下させたり横に揺らしたりする。	・一人一人の顔色や体調などを確認しながら笑顔で受け入れる。 ・不安な様子を見せる子には好きな玩具を持たせたり、外に行ったりして気分転換を図り、スムーズにその日の生活に入っていけるように配慮する。 ・口に入れては困るものや小さなものなどは事前に片付けて、誤飲や事故のないように配慮する。 ・一人一人に目を合わせて声をかけたり、子どもが振り向いたときに目を合わせたりして安心感を持って遊べるようにする。 ・起床時間や体調、機嫌、様子に応じて必要に応じた午前寝ができるように準備しておく。

時間	環境の構成	予想される子どもの活動	保育者の援助
9:10	○おやつの準備をする。 ・エプロン ・おしぼり ・テーブルの消毒	○おやつを飲む。 ・保育者に抱かれてミルクを飲ませてもらう。 ・自分でコップに手を添えて飲もうとする。	・おやつは登所時間や機嫌を見ながら個別に対応できるように保育者間の連携を計りながら進めていく。
9:40	○ふわふわマットの山と段ボールトンネルを用意する。 ・マットの下に布団を丸めて小さな山状に設定する。 ・トンネルは月齢や興味によって様々な遊びができるように大きさを変えて用意しておく。 ・ミニトンネルは身近な玩具をぶら下げておく。 ・段ボールトンネルは子どもがつかまり立ちをしても崩れないように安全面に留意して作る。 ふわふわマットの山 ミニトンネル 段ボールトンネル	○ふわふわマットで遊ぶ。 【高月齢児】 ・バランスを取りながら進む。 ・体勢が崩れて横になることを喜び繰り返し遊ぶ。 ・マットで作った山を登り下りして遊ぶ。 【低月齢児】 ・ふわふわマットの上に座らせてもらう。 ・マットに触れたり両手でたたいたりしてふわふわマットの感触を喜ぶ。 ・体でリズムをとりながら上下左右に体を動かして遊ぶ。 ○段ボールトンネルで遊ぶ。 【高月齢児】 ・トンネルをくぐって遊ぶ。 ・トンネルの中に座り込み、後から来た友達と顔を見合わせて笑う。 ・トンネルの中に止まって外の様子を伺う。 ・トンネルの外側をノックすると、音に聞き入ったり嬉しそうに這って出てきたりする。 ・出口にいる保育者に声をかけられて嬉しそうにくぐり抜ける。 ・トンネルにつかまり立ちをしてから顔を出して遊ぶ。 【低月齢児】 ・ミニトンネルの中に座らせてもらう。 ・トンネルの外から声をかけられて喜ぶ。 ・ズリ這いで前に進みながらくぐり抜けようとする。 ・トンネルの出入り口にぶら下がっている玩具に手を伸ばして、触ったり握ったりして遊ぶ。	・おやつを飲み終えた子どもから遊び出せるように短時間で設定する。 ・遊びや月齢差を考慮しながら配置や十分な空間をとり、危険のないように設定する。 ・保育者も一緒にマットの山を登ったり、座って体を上下させたりして子どもが真似して遊べるようにする。 ・ハイハイだけでなく違う態勢になったときを見計らってマットを揺らし、体の様々な部分で気持ち良さを感じられるようにする。 ・「フワフワ、フワフワ」「いい気持ち」などと声をかけたりしてマットの感触を全身で味わえるようにする。 ・長さや太さの異なった段ボールトンネルを作り、発達や興味に応じて遊べるように配慮する。 ・トンネルを挟んで見える子どもに「○○ちゃん見えた」と声をかけて誘ったり、保育者を目標に安心してくぐったりできるようにする。 ・トンネル内に座っている子には、外側から声をかけたりトンネルをたたいて音を出したりして、意外な経験に期待感が持てるようにする。 ・ミニトンネルには身近な玩具をぶら下げて低月齢児も興味が持てるように工夫する。 ・「まてまて」などと子どもの後ろから声をかけ遊びながらトンネルくぐりができるようにする。
10:00	○おむつ交換台は一人ずつ消毒をしてから使用する。	○おむつ交換をしてもらう。	・遊びの様子を見ながら一人ずつおむつ交換を行う。 ・子どもと視線を合わせ声をかけたりして、スキンシップを図りながら進める。

時間	環境の構成	予想される子どもの活動	保育者の援助
10：15	○**食事の準備** ・テーブルの消毒をする。 ・個々のエプロンとおしぼりを準備する。 ・給食用エプロンと三角巾を着用してから配膳をする。 ・栄養士との連携を図る。 ・手づかみで食べられるように小皿を用意する。	○**食事を食べる子どもは準備をしてもらう。** ・手をお絞りで拭いてもらう。 ・エプロンをつけてもらう。 ・保育者と一緒に「いただきます」をする。 ・椅子に座り給食を食べる。 ・手づかみで食べる。 ・スプーンを持ち、自分で食べようとする。 ・指をさして食べたいものを伝える。 ・食べたくないものは首を振ったり、口から出したりして食べたくないことを伝える。 ・食後に足しミルクを飲む。 ・必要に応じて着替えをしてもらう。	・給食は落ち着いた雰囲気の中で食べられるようにする。 ・その日の子どもの様子に合わせて給食の準備をする。 ・遊び足りない子や登所の遅かった子は、引き続き遊べるように保育者間の連携を取る。 ・保育者が「いただきます」「ごちそうさまでした」と挨拶をするようにし、真似して手を合わせて挨拶することを習慣づけていく。 ・下唇にスプーンを載せるようにして子どもが自分で口の中に取り込むのを待つ。 ・手づかみ食べができるように小皿を用意しておく。 ・「モグモグ」「おいしいね」などと優しく声をかけながら興味が持てるようにする。 ・目を見て「ミルク飲もうね」などと声をかけながら授乳する。
	○絵本や人形など落ち着いて遊べるものを用意する。	○**保育者と一緒に好きな遊びをする。** ○**保育者の膝に座って絵本を読んでもらう。**	・食後は絵本を読んだり、ゆったりと落ち着いて過ごしたりできるような遊びを用意する。 ・ミルクを飲んだ子は、すぐに横にならないように気を付ける。
11：30	○**午睡の準備** ・室温や換気に留意して、いつも決まった場所に寝られるようにする。	○**午睡をする。** ・月齢に応じてベッドや布団などで好きなスタイルで眠る。 ・抱っこや体をさすってもらったりして安心し眠る。 ・午睡が遅く起きている子もいる。	・子どもの入眠のサインを見逃さないようにし、眠りたいときに眠れるようにする。 ・子守唄を口ずさんだりして安心して眠れるようにする。 ・呼吸をしているのか、仰向けに寝ているのかなど、定期的に子どもの状態を確認し、安全な睡眠環境の確保を行う。 ・カーテンを閉めて陽ざしをさえぎり眠りやすい環境を作る。 ・起きている子が落ち着いて遊べるような玩具を用意したり、別室や外で遊んだりできるように、その日の様子や天候などを見ながら担任間で分担して保育にあたる。
13：30	・ほとんどの子が起きたら換気をする。	○**徐々に目覚める。** ・布団から這い出してくる。 ・布団の上でゴロゴロしている。 ・泣きながら起きる子もいる。 ・おむつ交換をしてもらう。	・自然に目覚めた子から優しく声をかけて抱き止める。 ・泣きながら起きる子にはその子の安心できるような対応をしていく。 ・起きた子から順次おむつ交換をしていく。

時間	環境の構成	予想される子どもの活動	保育者の援助
14：30	○おやつの準備 ○乳児庭の準備 ・テラスにラグマットを敷いて座って遊べる玩具を用意しておく。 ・陽ざしに注意し、パラソルや遮光ネットなどで保護しておく。 ・乳児庭は常に安全点検を行い小石などは拾い集めておく。 ・砂場は毎日掘り返して日光消毒をしたり、使わないときはカバーをかけたりして衛生的に保てるようにする。 ・軍手人形やパネルシアターは少人数で見られるように場を設定する。	○おやつを食べる。 ・必要に応じて足しミルクや麦茶を飲む。 ○乳児庭で遊ぶ。 ・テラスで遊ぶ。 ・芝生の上をハイハイや伝い歩きをする。 ・手押し車を押して歩く。 ・興味あるものを拾って眺める。 ・道路の車や犬などをじっと見る。 ・救急車や車の音にじっと耳を傾けたり、指さして知らせたりする。 ・ベビーカーやお散歩カーで所内を散歩する。 ○室内で好きな遊びをする。 ・興味ある玩具で遊ぶ。 ・軍手人形やパネルシアターを見る。	・身支度を終えた子からおやつが食べられるようにする。 ・おやつも給食同様にゆったりとした雰囲気の中で楽しく食べられるように働きかけていく。 ・おやつを食べ終えた子から順次、乳児庭に出て遊べるように事前に準備を整えておく。 ・芝生の上をハイハイや伝い歩きで自由に移動して遊べるようにする。 ・草や小石などを拾って口に入れたりすることのないように十分に注意する。 ・車や救急車、動物、鳥などに目を向けられるようにし、様々な刺激を楽しめるようにする。 ・天候や気温に合わせて外にいる時間を調整する。 ・体調や機嫌の悪い子は室内で過ごせるようにする。 ・1日の疲れが出てくる頃なので個々の様子に応じてスキンシップを取りながらゆったり過ごせるようにする。
16：30	・時間外担当者に引き継ぐ。	○順次降所する。	・1日の様子や伝達事項など、きめ細かく引継ぎをする。

★乳児クラス指導案ポイント

- 安全面や衛生面など、乳児の保育室の環境については最大限の注意を払うことが必要です。
- 「おいしいね」「さっぱりしたね」など、生理的な欲求を満たす場での保育者の温かな言葉かけは、子どもに安心感をもたらします。
- この時期の子どもたちの発達は個人差が大きいため、個人差や興味関心に即した環境を準備することが大切です。また、月齢や生活スタイルなどが生活リズムに大きく影響します。保護者と綿密に連絡を取り合いながら、個別の睡眠や排泄食事などの生理的欲求を満たし、心地よく過ごせるように配慮していきましょう。ここで示す1日の流れは、あくまでも目安であり、一人一人のリズムを大切にしていくことが重要です。

2 1〜2歳児クラスの指導案

　基本的な運動機能が発達するとともに、食事や衣類の着脱、排泄の自立に向けての身体機能も整うようになる時期です。自分でしようとする気持ちを大切にした援助が必要です。

1〜2歳児クラスの指導案例（保育所）

○月○日○曜日		天候	○	氏名	○○○○
クラス名	○○組（2歳児）		在籍　○　名（男児○名、女児○名）		
指導者名	○○先生				

子どもの姿	ねらい
・1日の生活の流れがわかり、安心して過ごせるようになってきた。 ・手伝ってもらいながら身の周りのことを自分でしようとする。 ・体を動かす遊びを好み、かけっこや滑り台などの遊びを楽しんでいる。 ・音楽をかけると体を動かしてリズムをとっている。 ・「かして」と言わずに友達のものを取り、トラブルが起きることがある。 ・トイレに誘うと、タイミングが合えば排尿する。 ・給食は、嫌いな物、食べたことがない食べ物は、食べようとしない。	・保育者に見守られながら、身の周りのことを自分でしようとする。 ・保育者や友達と体を動かす遊びを楽しむ。
	内容 ・衣服の着脱を自分でできるところはする。 ・体を動かしてリズム遊びや体操をする。

時間	環境の構成	予想される子どもの活動	保育者の援助
8:30	・一人一人が十分に遊べるように玩具を準備する。 ・ままごと道具、ヒモ通し、ブロック、パズル、絵本等 （図：ロッカー／ヒモ通し、パズルコーナー／ブロックコーナー／玩具箱／絵本コーナー／本棚／ままごとコーナー／玩具箱）	○順次登園する。 ・挨拶をする。 ・元気に登園する子ども、まだ慣れずに後追いする子どもがいる。 ○保育者や友達と一緒に好きな遊びをする。 （ままごと、ヒモ通し、ブロック、パズル、絵本等） ・好きな場所に玩具を持ち込んで遊ぶ。 ・玩具の取り合いをすることもあるが、保育者の仲立ちにより譲ることもできる。	・明るく温かい雰囲気を作り、子どもに笑顔で挨拶をする。 ・スキンシップをとり、ゆっくりと生活に慣れるようにする。 ・好きな遊びをしている子どもの様子を見守り、一緒に遊ぶ。 ・一緒に遊びながら、一人一人の機嫌や体調を確認し情緒の安定を心がける。 ・子どもの行動を把握しながら、安全面に気を配り危険のないようにする。 ・玩具の取り合いにならないように、玩具の数を十分に用意して楽しめるようにする。
9:10	・牛乳（お茶）の準備をする。 （図：ロッカー／本棚／玩具箱／玩具箱）	○片付けをする。 ・保育者と一緒に玩具を元の場所に戻す。 ○手洗いをする。 ・石鹸をつけて手をこする。 ・泡を水できれいに流す。 ・自分のタオルで拭く。 ○牛乳を飲む。 ・「いただきます」の挨拶をする。 ・「ごちそうさま」の挨拶をする。	・牛乳を飲むこと伝え、一緒に片付ける。 ・楽しく遊びながら片付ける。 ・手の洗い方、手の拭き方を保育者と一緒にすることで興味を持てるようにしていく。 ・牛乳アレルギーの子どもには麦茶を用意する。 ・保育者も子どもと一緒に「ごちそうさま」の挨拶をする。

2 実習に必要な専門性を養う

時間	環境の構成	予想される子どもの活動	保育者の援助
9:30	○排泄の準備 ・おむつ ・パンツ履き替え用シート ・おむつ交換用マット	○排泄をする。 ・おむつの子どもは保育者と一緒にトイレに行き便座に座る。 ・男児は下着を途中まで下げて排泄する。 ・女児は排泄後ペーパーで拭き、水を流す。 ・パンツ、ズボンを履こうとする。 ・自分で履くことができない子どもは保育者に手伝ってもらう。 ○手洗いをする。 ・自分のタオルで手を拭く。	・一人一人の排尿間隔に合わせて無理のないようにトイレに誘う。 ・排泄しているときは、そばで見守り、排泄できたときは「すっきりしたね」などとトイレで排泄できた喜びを味わえるようにする。 ・パンツ、ズボンの着脱は、できないところは、さりげなく手伝い、自分でやってみようという気持ちを大切にする。 ・自分のタオルで拭いているか確認する。
9:45	・パンダ、うさぎ、コアラのペープサートを用意する。 ・キーボード（タンバリン） ・CDプレーヤー （部屋の見取り図：ロッカー、本棚、玩具箱、玩具箱、保）	○手遊びをする。 ・「いとまき」 ・「パンダ・うさぎ・コアラ」 ・真似して歌ったり手を動かしたりする。 ○リズム遊びをする。 ・音楽に合わせて歩く。 ・音楽が止まったらストップする。 ・音楽に合わせて走る。 ・音楽に合わせて、動物などになって保育者、友達と体を動かす。（犬、うさぎ、象、カエル　ヘビ等） ・床に寝転がって両手両足をプルプルさせる。 ・「ぱたん」の声で両手両足を床に投げ出す。 ・床に大の字になり寝転ぶ。 ・寝転ぶことを嫌がり、立っている子どもがいる。 ・「ちょっとだけ体操」をする。 ・保育者の真似をして体を動かしている。	・全員の子どもの顔が見える位置で手遊びを行い、楽しさや面白さを伝えていく。 ・「いとまき」では全員の名前を一人ずつ呼び、友達の名前に親しみが持てるようにし、子どもと笑顔で楽しむ。 ・子どもが歩きやすい曲を子どもの様子を見ながら弾く。 ・ストップしない子どもには、何回か繰り返していくなかで気付かせる。 ・子どもがイメージしやすい動物を選び、保育者も一緒に動くことで表現する楽しさを感じられるようにする。 ・うまくできないときは、保育者が手を持ってプルプルさせる。 ・友達とぶつからないようにして何回か繰り返す。 ・保育者も一緒に寝転ぶ。 ・寝転ぶことを嫌がる子どもには無理はしないで見守る。 ・子どもが動きやすい言葉かけをしながら、一人一人の顔を見て楽しく体操をする。
10:00	○戸外遊び ・ボール ・固定遊具など ・砂場の遊具を用意する（バケツ、シャベル、型抜き等）。 ・着替えの洋服を用意する。	○戸外遊びをする。 ・帽子をかぶせてもらう子どもがいる。 ・靴を履こうとする。 ・保育者や友達と一緒に好きな遊びをする。 ・ボール遊びや追いかけっこをして遊ぶ。 ・追いかけられることを喜んでいる。 ・砂場で遊ぶ。（砂山を作ったり型抜きをする） ・固定遊具で遊ぶ。（タイヤブランコ、滑り台）	・帽子は「ゴムが前にくるよ」と声を掛けながら、靴は右左を確認しながら「自分で履きたい」気持ちを大事にする。 ・子どもと一緒に遊びながら安全確保に留意する。 ・名前を呼びながら「まて～まて～、○○ちゃん」と追いかけて遊びの楽しさが感じられるようにする。 ・砂を「トントン」と言いながら山を作り、型抜きも「できたね」と子どもと喜び楽しむ。

時間	環境の構成	予想される子どもの活動	保育者の援助
	○遊具を所定の場所に置く。 （砂場遊具／砂場／滑り台／タイヤブランコの配置図）	○保育者と一緒に片付ける。 ・保育士と一緒に遊びながら片付けることを喜ぶ。 ・「まだ遊びたい」と言う子どもがいる。 ・しばらくしてから、再度声をかけると部屋に入ってくる。	・危険な場所には必ず保育者が側につき、言葉をかけながら見守る。 ・「楽しかったね、ここにしまおうね」と言葉かけをしながら一緒に片付けをする。 ・遊びに夢中になっている子どもには「まだ遊びたかったのね」と気持ちを受け止めて見守り、しばらくしてから再度言葉をかけるようにする。
10：50	（ロッカー／午睡スペース／本棚／玩具箱／玩具箱の配置図）	○入室する。 ・靴を脱いで靴箱に入れる。 ・保育者に着替えを手伝ってもらう。 ・汗などで汚れた服を脱いで、用意した服を着ようとする。 ○排泄、手洗いをする。 ・保育者に声をかけられながら行う。	・靴箱に入れるように声をかける。 ・「きれいにしようね」などと言葉をかけながら着替えを手伝い、気持ちよさを味わえるようにする。 ・手や指の間もきれいに洗うように言葉かけをして一緒に洗う。
11：10	○給食の準備 ・エプロン、三角巾を身に着ける。 ・手を洗って配膳する。 ・食べ終わったら、机、床をきれいに掃除する。 ・台拭き ・雑巾 ○排泄の準備 （ロッカー／本棚／玩具箱／玩具箱の配置図）	○食事をする。 ・必要な子どもはエプロンをつけてもらう。 ・「いただきます」の挨拶をする。 ・スプーン、フォーク、箸を使って一人で食べる。 ・「ごちそうさま」をしておしぼりで口を拭く。 ○洋服を着替える。 ・食事で汚れた洋服を取り替えてもらう。 ○排泄、手洗いをする。 ・パンツから紙おむつに取り替える。 ○好きな遊びをする。 ・ブロック、絵本、人形で遊ぶ。 ・一人で絵本を見ている。	・子どもと一緒に食べながら楽しい雰囲気を作り、姿勢やスプーンの持ち方などが意識できるような言葉をかける。 ・量を加減しながら自分で食べようとする気持ちを大切にする。 ・拭き残しがあるときは、優しく言葉をかけながら拭く。 ・食事中に汁などで汚れた洋服を「着替えようね」と取り替えて清潔感を味わわせる。 ・午睡中だけパンツから紙パンツへ履き替える子どもには、必ず履き替えたか確認をする。 ・排泄が済んだ子どもから静かに遊べるように玩具を用意しておく。 ・静かに遊べるように、子どもの好きな絵本を一緒に読む。 ・手遊びや絵本を読むときは、ゆっくり子どもの顔を見ながら読む。
12：10	○午睡の準備 ・気温や湿度の調整をして、布団はいつも同じ場所に敷く。 ・ブロック、絵本、人形 ・絵本『ねないこだれだ』 ・カーテンを閉める。	・手遊び「はじまるよ」をする。 ・絵本『ねないこだれだ』を見る。	・安心して眠れるように側に寄り添い、身体をトントンして優しく言葉をかけるなど、一人ひとりの子どもの眠りやすい方法を見つけて対応する。

2 実習に必要な専門性を養う

時間	環境の構成	予想される子どもの活動	保育者の援助
		○午睡をする。 ・自分の布団にはいる。 ・眠れない子どもは保育者がそばにつくと安心する。	・眠れない子どもや途中で目覚める子どもには側につく。 ・呼吸をしているか、仰向けに寝ているかなど、定期的に子どもの状態を確認し、安全な睡眠環境の確保を行う。
14:30	・カーテンを開ける ・空気の入れ替えをする。 ・布団をたたむ。 ・布団を押し入れにしまう。	○目覚める。 ・自分から「おはよう」と言って起きる。 ・保育者に声をかけられて起きる。 ○排泄、手洗いをする。	・優しく明るい言葉かけをして気持ちよく目が覚めるようにする。 ・起きられない子どもは抱きとめて徐々に目覚めるようにする。
15:00	○おやつの準備 ・エプロン、三角巾を身に付ける。 ・手を洗って配膳する。 ・台拭き・雑巾	○おやつを食べる。 ・「いただきます」の挨拶をする。 ・おやつを食べる。 ・「ごちそうさま」の挨拶をする。	・食物アレルギーの子どもの配膳に気を付ける。 ・「おいしいね」などと声をかけて楽しい雰囲気でおやつを食べるようにする。
15:40	○戸外遊びの準備 ・ボール遊び ・追いかけっこ ・固定遊具など	○戸外で遊ぶ。 ・保育者や友達と一緒に遊ぶ。 ・固定遊具で遊ぶ。（タイヤブランコ、滑り台）	・子どもが危険のないように見守り、ゆったりと遊ぶ。 ・順番に並ぶように言葉をかけて見守る。
16:30	○排泄の準備 ○水分補給 ・麦茶 ・コップ	○入室 ○排泄、手洗いをする。 ○水分補給 ○手遊びをする。 ・「キャベツの中から」	・排泄、手洗いをしたか確認する。 ・子どもの顔を見ながら、ゆっくり手遊びを行う。
17:00	○時間外保育士に引き継ぐ。	○時間外保育室へ移動する。 ○順次降園する。 ・迎えの人が来ると嬉しい顔をする。 ・挨拶をして帰る。	・担任保育士から保育がスムーズにつながるように当番保育士と連絡事項の引継ぎをする。 ・その日の様子や健康状態など保護者に話し、子どもとは明日も元気に登園できるように、一人一人に言葉をかける。

★ 1～2歳児クラス指導案ポイント

- 手洗いの順番を待つ子どもを見守り、手洗い後の子どもの誘導などを職員間で分担しておきます。
- 食物アレルギーの子どもの配膳について間違いのないように細心の注意をすることが必要です。
- お昼寝のときは、一人一人の眠りの状態を常に観察し、適切な対応がとれるようにします。また、目覚めの際には、連絡帳で家庭での睡眠時間を把握し食事の時間を調整するなどして、機嫌よく目覚めるように配慮しましょう。
- 排泄は個人差が大きいので、一人一人の排泄リズムを大切にし、子どもが気持ちよく排尿できるよう配慮が必要です。
- 行動範囲が広がり、自己主張のぶつかり合いからトラブルが起きやすくなっているので、保育者の位置や動き、関わりについて職員で確認します。

3 異年齢クラス（3、4、5歳児）の指導案

　異年齢保育では年上と年下の子どもたちが共に生活することによって互いに育ち合い、より多様な経験が得られることが期待されています。異年齢のクラス編成では子どもの発達の差が大きいため、子どもの発達の状況を把握し、保育のねらいや内容を明確に持ち、環境構成や援助を行うことが必要となります。ここでは異年齢保育を行う保育所の例をあげます。

異年齢児指導案例（保育所）

○月○日○曜日		天候	○	氏名	○○○○
クラス名		○○組縦割りクラス（3～5歳児）男児○名／女児○名　計○○名			
指導者名		○○先生			
子どもの姿			ねらい		
・先日のドッジボールがきっかけとなり、ドッジボールを楽しみに登園する姿が見られる。 ・年上児と年下児の関わりが見られ、年上児は進んで年下児のお世話をしたり、年下児は年上児に憧れの気持ちを持つ姿が見られる。			・3歳児：年上児のドッジボールをしている姿を見て、応援したりルールを知ったりする。 ・4歳児：年上児と一緒に遊びながら、ルールを覚えゲームを楽しむ。 ・5歳児：年下児にルールを知らせながら、チーム内で協力しゲームを楽しむ。		
			内容		
			クラス対抗ドッジボール		

時間	環境の構成	予想される子どもの活動	保育者の援助
7:00	・朝の受け入れの保育室の準備をする。 ・安全点検の項目に沿ってチェックする。 ・各クラスのおたより帳入れの籠および観察チェック簿	○**随時登園する。** ・保護者と一緒に挨拶し所持品の始末をする。 ・室内で興味のある遊びをする。折り紙、ブロックパズル、ままごと、お絵描き等。 ・使った物を片付ける。	・挨拶をし、視診・触診、伝達事項の確認をする。 ・子どもと一緒に遊ぶ。 ・人数が増えたら、保育室を増やす。 ・早番の職員と引継ぎをする。
9:00		○**各クラスに移動する。** ・クラスごとに並び、担任と一緒にクラスに行く。 ・排泄を済ませる。 ・椅子に座る ・朝の会に参加する。 ・手遊び「はじまるよ」 ・朝の挨拶をする。	・一人一人の健康状態の確認をする。おたより帳に目を通す。 ・トイレに付き添い、見守ったり援助したりする。 ・1日のはじまりを、子どもと共に喜び合えるよう、楽しい雰囲気を大切にする。
9:10		・ドッチボールの流れを知る。活動しやすい服装になる。必要に応じて援助してもらう。（友達や保育士） ・保育士と5歳児と一緒に応援席や応援グッズの箱を準備する。	・ドッチボール大会の流れを丁寧に知らせる。 ・年齢ごとに身支度を整え、ベランダで靴を履き、待つように知らせる。 ・3、4歳児の応援をする子は、椅子に腰かけ、手作りのマラカスなどを配る。

時間	環境の構成	予想される子どもの活動	保育者の援助
9:30	・倉庫の中のライン引き、椅子等を出す。 ・応援グッズの箱を出す。	・ライン引きでコートを描く。歩幅で確認して中央のラインを決める。	・日々の積み重ねで子どもたちがラインを引くので、引けたか確認する。
9:50	・救急箱を用意する。	○ドッジボールをする。 ・2列に整列し、人数の確認と今までのルールの確認をする。 ・向かい合い「おねがいします」と挨拶する。 ・ボールを持つチーム決めをする。 ・外野に出る人を一名決めて、他はコートに散る。 ・笛の合図で開始となり、ボールを積極的に取りに行ったり当たらないように逃げ回ったりする。 ・ボールの奪い合いになり興奮してトラブルが発生する。 ・ゲームを再開し、片方が全員当てられてしまったら、最初の外野がコートに入る。その外野も当たってしまったら終了。 ・対面で中央に並び「ありがとうございました」と、一礼する。 ・悔しがったり、喜んだり、いろいろな表情をする。 ・水分補給をする。	・両チームのメンバーに整列するように伝える。 ・「これから〇組と△組の試合をはじめます」と伝える。 ・選出された一名ずつが陣地を交代し、自分の陣地へボールを打つ。（4、5歳児混合） ・ゲームの進行状況を見守る。 ・ボールの奪い合いなど、トラブルが発生したときは、保育士がすぐ結論を出さず、互いの言い分や周りで見ていた子どもたちの意見も聞きながら、互いに納得いくように援助する。 ・転んでしまった場合など、怪我の状況に応じて迅速に対応する。 ・勝敗を伝える。 ・勝って嬉しい気持ち、負けて悔しい気持ちを受け止めながら、一人一人頑張っていた姿を伝え「作戦会議を開いてまた試合をしましょう」と、次回につながるような言葉かけをする。 ・水分補給をするように伝える。
11:15	・各部屋の前に足洗いの準備をする。	○片付けをする。 ・3、4歳児は先に入室する。 ・5歳児は、パトロール隊となり、片付け忘れがないか隅々までパトロールする。 ・疲れて着替えが進まない子がいる。	・3、4歳児の担任は先に入り、隣接のクラスの着替え等も確認する。 ・一人一人に合わせながら、必要に応じて援助していく。
11:30	・配膳の準備をする。 （口拭きナプキンや台布巾） ・アレルギー確認をする。	○給食の準備をする。 ・着替え、手洗い、排泄が済んだ子は、給食の準備をする。 ・配膳され、テーブルごとに「いただきます」の挨拶をして食べる。 ・ドッチボールの感想など、友達と楽しく話しながら食べる。 ・最初に「減らしてほしい」と言う子もいる。 ・5歳児が静かに入室し、身支度を整え席に着く。 ・5歳児の午睡の当番の子は、3、4歳児の午睡の準備を職員と一緒にしてから食事をする。	・三角巾、マスク、割烹着に着替える。テーブルを拭く。 ・各自のコップに麦茶を注ぐ。 ・給食室とアレルゲン児の確認をする。名前やアレルゲンの表記のあるトレーの給食を運ぶ。 ・献立を伝え、一人ずつトレーで配膳していく。 ・無理強いせず「どれを減らしたい？」「どのくらい？」などと聞き、もっと食べられるようだったらお替りしてね」など安心して食べることができるような言葉かけを心がける。 ・担当職員と子どもで午睡の準備をする。

Part 1　保育のドングリを磨く──実習事前指導

時間	環境の構成	予想される子どもの活動	保育者の援助
12：45		○片付けをする。 ・各自食べ終わったら「ごちそうさま」を言って片付ける。水道場にて歯磨きをする。（椅子に座る） ・静かに興味のある玩具を出して遊ぶ。 ・片付ける。 ・3、4歳児は、カーペットに座る。5歳児は自分の椅子を運び座る。 ・絵本を読んでもらう。	・食後なので落ち着いて遊ぶ環境を準備する。 ・自分で食器の片付けができるよう一人一人の状態に応じて、必要な援助を行う。
13：00	・3、4歳児午睡の準備をする。 ・5歳児午睡の準備をする。 ・トイレや午睡の部屋での受け入れなど、役割分担を行う。 ・自分のクラスのホワイトボードに午前中の活動や連絡事項等を記入する。	○午睡をする。 ・3歳児より排泄し、午睡する部屋に移動する。 ・5歳児は、別の部屋へ移動し、ござと布団を敷いてから排泄を済ませ、布団に横になる。 ・眠れずゴロゴロしている子もいる。	・眠れない子の傍につき、背中をトントンしたり子守歌を歌ったりする。 ・少し長い物語の本等を読む。 ・寝なくても体が休まることを知らせる。
14：30		○起床する。 ・3、4歳児は、自分の布団をたたんだり、所定の場所に運んだりする。 ・5歳児は、自分の布団を片付け終わったら、3、4歳児のお手伝いに来る。	・なかなか目が覚めない子もいるので、優しく起こすように知らせる。
15：00		○おやつを食べる。 ・排泄してから、自分のクラスで手洗い、おやつを食べる。	・食事のときと同じ対応をする。（アレルギー児等）
15：40		○帰りの会に参加する。 ・今月の歌を歌ったり、ドッジボールの話しを聞いたり、明日の話し等を聞いたりする。 ・視診、触診を受けた後、庭に出て遊ぶ。	・今日の振り返りを子どもたちと一緒に思い出しながら行う。 ・一人一人、視診、触診、健康状態等観察し、異常の有無をチェック簿に記入する。
16：30		○随時降園する。 ・ドッジボール、ごっこ遊びで使った物を片付け、保護者と一緒に身支度を整える。 ・「さようなら」の挨拶をして帰宅する。 ・片付けをする。	・観察チェック簿を参照しながら、遅番の職員に引き継ぐ。 ・遅番や延長職員と連携を取り、人数確認、全体把握、保護者対応、遊びに入る職員等の役割分担を確認する。
18：00	・延長保育	○入室する。 ・着替え、手洗い、うがいをして延長保育の部屋へ行く。 ・興味のある玩具を出し遊ぶ。 ・お絵描き、ままごと、ごっこ遊び、絵本など ・お迎えに来た子から片付けをする。	・遅番の職員より延長職員に観察チェック簿と人数を照らし合わせながら引き継ぐ。（18：15）

時間	環境の構成	予想される子どもの活動	保育者の援助
19:00 20:00		・保護者と一緒に身支度を整え、「さようなら」の挨拶をして帰宅する。	・笑顔で「おかえりなさい」の挨拶をする。観察チェック簿を確認し、伝達事項や今日の子どもの様子を伝える。 ・明日も元気に登園できるよう一人一人に言葉をかける。

★異年齢クラス指導案のポイント

- 安全点検の項目に沿ってチェックし保育室を整えています。
- トラブルについては保育士が判断してしまうと納得できず、後でけんかになる場合があります。
- 生活習慣については、なぜそうするのか説明し、繰り返しの中で身に付くようにすることが大切です。
- アレルギー児は、最初に配膳し、必ず職員が付くよう配慮します。
- ドッジボールについては、嬉しい気持ちや悔しい気持ちなど「いろいろな気持ちがあっていいんだよ」ということを大切にしています。

Part 1 保育のドングリを磨く──実習事前指導

4　3歳児クラスの指導案

　3歳児クラスは、幼稚園・保育所・こども園によって子どもの実態が大きく異なりますが、ここでは、幼稚園での例をあげます。一般的な3歳児の発達の姿に基づいた1日の指導案例ですが、新しい環境にようやく慣れてきた時期を想定しています。

3歳児　指導案例（幼稚園）

○月○日○曜日		天候	○	氏名	○○○○
クラス名		○○組（3歳児）男児○名／女児○名　計○○名			
指導者名		○○先生			
子どもの姿			ねらい		
・自分の好きな遊びや場で遊び、同じ場で遊んでいる友達と同じような遊び方をして一緒にいることを楽しんでいる。 ・自分で何かのつもりになって、遊ぶことを楽しんでいる。 ・先生や友達と一緒に、かけっこなど全身を使って遊ぶことを喜んでいる。 ・みんなで集まってすることに関心を持ち、何をするのかと期待を持てるようになっている。 ・生活の流れや幼稚園ですることなど、少しずつ理解できるようになる。 ・所持品の始末など自分でやろうとする子が多くなってくる。しかし、その日の一人一人の気持ちを汲みとり、対応しなければならない子もいる。			・自分の好きな遊びを見つけて遊ぶ。 ・保育者や周りにいる友達と同じ場で遊んだり同じように動いたりすることを楽しむ。 ・小鳥になりきって保育者やみんなと一緒に、思いきり体を動かしてゲームを楽しむ。 ・保育者の指示や合図を聞いて動こうとする。		
			内容		
			・自分の好きな遊びをする。 ・自分の思いを表現する。 ・小鳥になって表現する。 ・保育者の合図を聞いて、○・□・△に走って移動する。		

時間	環境の構成	予想される子どもの活動	保育者の援助
9：00	・ままごと、ダンボール、ブロック、制作コーナーを準備する。 ・コーナー遊びはみんなの様子がわかりやすく見合えるように配置する。	○登園する。 ・所持品の整理をする。 ・室内で気に入った遊びをする。 ・その場にいる友達と遊ぶ。 ・ごっこ遊びでは、そのものになったつもりで遊ぶ。	・一人一人が安心するように、丁寧に受け入れる。 ・一人一人のやり方を受け入れながら見守りや手助けをする。 ・昨日からのバスごっこでの関わりを見ながら援助する。 ・保育者も仲間に入り、楽しみながら遊びへの興味が持てるように配慮する。 ・一人一人の体調には十分留意する。
10：20	・片付ける。	・片付ける。 ・トイレに行く。 ・トイレから戻る。 ・一列に並んで歩いてホールに行く。	・一緒に片付けながら、真ん中に座るように声をかける。 ・副担任と連携を取る。 ・全員戻ったか確認し、これからホールに行くことを知らせ、一列に並ぶように伝える。 ・静かに歩いていくように伝える。 ・中央に座るよう促す。

2 実習に必要な専門性を養う

時間	環境の構成	予想される子どもの活動	保育者の援助
10：45	・小鳥のお面を20人分＋αを事前に用意し、ホールに置いておく。 ・あらかじめホールにビニールテープで、○・△・□を表示しておく。（それぞれに池、山、花畑の絵も表示） ・森の雰囲気が感じられるように、草や木などを置いておく。 （ホール図：山△、池○、花畑□、4m間隔） ・動くことを意識し、事前に子どもの水筒を遊戯室に持ってきておく。 ・様子を見ながら水分補給などもできるようにする。 ・お面を入れるかごを用意する。	○小鳥になって表現する。 ・ホール中央に座る。 ・お面をかぶる。 ・歌「小鳥のうた」を歌う。 ・ホールを一回りする。 ・森の中の様子を知る。 ○教師の話を聞く。 ・合図を知る。 ・教師と一緒に○・△・□の場所へ小鳥になって移動する。 ・食事、睡眠、水浴びなど、○・△・□の場所で表現する。 ・中央に集まる。 ・話を聞く。 ・お面を集める。	・小鳥になりきるために、一人一人にお面を渡し、何が始まるか期待を持たせる。 ・教師はピアノを弾きながら、「ピピピピピ」「チチチチチ」の部分を、可愛らしく歌って聞かせ、一緒に歌うようにする。 ・教師が親鳥になり小鳥になった幼児と一緒に、ホール内を移動（飛び回る）し、○は池、△は山、□はお花畑であることを知らせていく。 ・「ここは森の中。これからみんなでお散歩に出かけます。途中で『池・山・お花畑へお散歩！』の合図を言うので○・△・□に飛んでいこう」という話をする。 ・合図は全員に聞こえるようにはっきり伝える。 ・合図をよく聞いてみんなで移動するよう促していく。 ・移動を2回程度行ったら、休息を兼ね、簡単なストーリーで、いろいろな動きを楽しんでいく。 ・どの子も集中して聞いているかどうか確認し、合図を伝えていく。 ・幼児が思いきり走ったり、幼児同士がぶつかったりしないように、動線に変化をもたせる。 ・小鳥になって遊んだことの振り返りをしながら、楽しさに共感し、次回を楽しみにすることを伝える。 ・一人一人の様子を見ながら、疲れ具合を確認する。
11：20		○素話「静かなお家」を聞く。 ○水分補給をする。 ○保育室に戻る。 ○昼食前のトイレに行く。手を洗う。	・落ち着いた時間が持てるようにゆっくりおおらかにお話する。 ・落ち着いた雰囲気で保育室に戻る様子を見守る。 ・一人一人落ち着いてトイレや手洗いができているか確認する。援助の必要な子には、対応する。
11：35 11：50 12：30	・昼食用のテーブル5台、テーブル拭き等、準備する。 ・落ち着いた雰囲気で食事ができるように音楽などかける。 ・子どもたちが片付ける間に、机や敷物を準備して遊びができるようにする。 ・粘土、絵を描く、ブロック、ごっこ遊び	○昼食の準備をする。 ・かばんからお弁当やコップを出し、整える。 ○いただきますをする。 ○ごちそうさまをする。 ○歯磨き、うがいをする。片付ける。 ○室内で好きな遊びをする。 ○片付けができた子からコーナーで遊ぶ。	・お話をしたり、周りが気になって準備がおろそかになっている子など注意深く確認する。 ・机を一回りして、食べる様子や一人一人の体調等確認する。 ・椅子の引き具合やお箸やスプーンの使い方なども確認する。食べ始めて25分ぐらいで、どのくらいの食べ方か確認して、遅い子などには対応する。30分程度で全体は終了とする。

Part 1 保育のドングリを磨く──実習事前指導

時間	環境の構成	予想される子どもの活動	保育者の援助
13：20	・早めに片付けが終わった子は、座るところがわかるように敷物を準備する。	○片付ける。 ○トイレに行く。 ○真ん中に座って、先生のかけ声で手遊びをしながら待つ。 ○絵本『ぞうさんのさんぽ』を見る。	・食後の遊びのため、机の上や一人遊びを中心に準備する。 ・一緒に片付けながら、「きれいになってきたね」などと認める言葉をかける。 ・終わった子は、真ん中に座るように伝える。 ・自由表現で、小鳥になったことから、絵本では大きな動物の散歩を取り上げ、子どものイメージがふくらむようにする。 ・一人一人をよく見ながら、援助する。
14：00	・保護者へ一言話す。	○帰りの準備をする。 ○降園する。	

★ 3歳児クラス指導案のポイント

（環境）
- 環境では、わかりやすい手順や表示が必要です。
- 遊びでは、保育者も共に遊ぶことと、子ども同士が見合えるような場作りが大切です。

（援助）
- 一人一人の発達を念頭に丁寧に見ること。必要に応じて手助けしたり励ましたりして、自分でしようとする気持ちを育てることが大切です。
- 保育者も共に遊んだり楽しんだりすることが大事です。
- 一人一人が自分らしさを発揮できるように心がけています。
- 年齢を十分配慮し、休息や水分補給に配慮しています。

5　4歳児クラスの指導案

　4歳児クラスは、認定こども園幼保連携型を想定した指導案を例にあげます。短時間児と長時間児がいるこども園では、環境の再構成が必要な場合が多いので、そうした計画もしっかり立てておきましょう。

4歳児　指導案例（認定こども園）

○月○日○曜日		天候	○	氏名	○○○○
クラス名		○○組（4歳児）男児○名／女児○名　計○○名			
指導者名		○○先生			

子どもの姿	ねらい
・簡単なルールのある鬼ごっこや集団遊び（ゲーム）など、体を動かして遊ぶことを楽しむ姿が見られる。 ・学級全体で動くことや新しい遊びに、期待を持って集まってくる幼児が多くなってきている。	・引越し鬼のルールがわかり、その楽しさを感じる。 ・気の合う友達とやりとりしたり、イメージを出し合ったりしながら遊ぶ。
	内容
	・友達と一緒にルールのある引越し鬼をする。

時間	環境の構成	予想される子どもの活動	保育者の援助
8：30 9：00 9：40 9：50	＜保育室＞ （室内配置図：ピアノ、絵本、描画、制作材料、制作、ままごと） ・製作コーナーでは、空き箱や容器を大きさ、形、材質などで分類しておく。 ・ままごとコーナーには、3～4人が使える器や包丁、エプロンなど用意しておく。	○長時間保育児は順次登園する。 ○長時間保育児は各クラスへ移動する。 ○短時間保育児登園する。 ・保育者に元気に挨拶をする。 ・友達に挨拶する子もいる。 ○所持品の始末をする。 ・手早く始末する子が多いが、なかには時間のかかる子もいる。 ○好きな遊びをする。 ・空き箱製作、ままごと、絵本、描画など。 ・各コーナーで2～3名の友達と遊んでいる。 ○片付け、手洗い、排泄をする。 ○集まる。 ・出欠確認をする。 ○歌をうたう「小鳥の歌」	・早朝保育児について、担当職員から報告を受け、保護者からの連絡や健康状態などを把握する。 ・挨拶を交わしながら、丁寧に視診していく。 ・友達に進んで挨拶する子には、交わし合う心地よさを共感していく。 ・個々に応じて声かけの仕方を工夫し、自分で順序立てて支度ができた達成感が得られるようにする。 ・制作コーナーでは、自分のイメージしたものが作れるように素材の選び方や道具の使い方などを、一緒に考えていく。 ・トラブルがあった場合は、互いの思いを伝え合うことができるように代弁したり、言葉を補ったりしていく。また互いが納得できるよう、幼児と一緒に考えていく。 ・保育室がきれいになった気持ちよさを共感する。 ・集まるよう声をかける。 ・口を大きく開いている子を認め、きれいな声で歌うイメージをもたせる。

Part 1 保育のドングリを磨く──実習事前指導

時間	環境の構成	予想される子どもの活動	保育者の援助
10：00	・黒板に草地の絵を描く。 ・小鳥、オオカミのペープサート ・オオカミのお面…6個	○保育者の演じるペープサートを見る。 「小鳥の引越し」 ・興味深く見る。 ・1、2、3の合図を一緒に言ってみる。	・これから行う鬼遊びについてペープサートを活用して、逃げたり追いかけたりする動きや、合図で引越しをするなどのイメージが持てるようにする。
10：20	〈園庭〉 ・園庭にあらかじめラインを引いておく。 草地　　□ 　　　　↓ 6mくらい　　○ 　　□　　オオカミの家 　　　　　　草地	○引越し鬼をする。 ・園庭に出る。集まる。 ・なりたい役になって、それぞれの場に入る。 ・合図にあわせて、逃げたり追いかけたりする。 ・合図を聞いても、捕まるのが怖くてその場から出ない幼児がいる。 ・捕まってしまい悔しくて泣いたり、つまらなくなって土いじりをしたりする子どもがいる。	・あらかじめ書いておいた場を子どもと一緒に確認していく。 ・始めは保育者とやりたい子どもでオオカミ役になる。保育者は雰囲気を醸し出したり、遊びの進行を調整したりする。 ・「小鳥の引越し1．2．3」とオオカミ役の子どもたちと元気よく合図をして、逃げる、追いかけるタイミングを取りやすくする。 ・引越しできない小鳥役の子には、保育者は気持ちを受け止めながら一緒に逃げてみる。 ・一人一人の気持ちを受け止め、気持ちの立て直しができるよう見守る。
		○遊びの感想を言い合う。 ・「捕まらなかったよ」「△△さん捕まえたよ」「捕まえたのにオオカミの家に入らなかったよ」など口々に言う。	・2回繰り返した頃集まり、楽しかったところ、頑張ったところなどの子どもたちの思いを受け止め、次の意欲につなげていく。
11：00		○固定遊具で遊ぶ。 ・ブランコ、滑り台、うんてい、鉄棒、のぼり棒など好きな場で遊ぶ。	・遊んでいる場所や様子に気を配り、安全に遊ぶことができるようにする。
11：20		○入室する。 ○うがい、手洗い、排泄をする。	・全員が排泄したか確認する。 ・手洗い、うがいを自ら行っている姿を認めていく。
11：30	〈保育室〉 ・静かな曲を流しておく。	○給食の準備をする。 ・グループごとに机を出す。 ・当番が机を拭く。 ・椅子、給食セットを用意し席に着く。 ○給食を食べる。 ○片付ける。	・楽しく食べられる雰囲気を作る。 ・食べることに興味が持てるよう、今日の献立の食材について話をする。

2 実習に必要な専門性を養う

時間	環境の構成	予想される子どもの活動	保育者の援助
11:50	〈保育室〉 ・食後は休息を兼ねて室内で遊べるように、コーナーを設定する。	○歯みがきをする。 ○好きな遊びをする。 ・絵本 ・描画 ・製作	・自分で最後まで片付けられるように、一人一人に応じた援助をする。 ・きれいにみがけたか一人一人確認する。
13:20	（配膳台／絵本／描画／制作コーナー の図）	○片付ける、排泄をする。 ○降園準備をする。 ○集まる。 ・歌を歌う。 ・絵本を見る。 ・先生や友達の話を聞く。 ○長時間児は午睡用の保育室に、短時間児の「預かり保育」希望者は預かり保育用の保育室に移動する。	・短時間児は特にトイレに行くよう声をかける。 ・今日の楽しかったことを発表したり、明日の予定を伝えたりして、明日に期待を持つことができるようにする。
13:40		○短時間児は降園する。	
14:00		○長時間児はお昼寝をする。 ※預かり保育の幼児は自由遊びをする。 ・描画、折り紙、空箱製作など、思い思いの遊びをする。	・保護者に子どもの様子を話したり、連絡事項を伝えたりする。 ・子どものそばに座り、眠りにつきやすいように背中をさすったり、頭を撫でたりする。
15:00		○おやつを食べる。 ・手洗い、排泄をする。 ・挨拶をしておやつを食べる。 ・挨拶をして片付ける。	・異年齢で交流して遊ぶことや広範囲で遊ぶことが予想されるので、怪我やトラブルなど安全に気を付けながら、遊びを見守る。
15:30		○園庭で遊ぶ。 ・固定遊具 ・かけっこ、リレー ・砂場	
16:20		○入室する。 ○手洗い、うがい、排泄をする。	・今日1日楽しく遊んだことを、みんなで確認する。
16:30		○降園準備をする。 ・延長の幼児は延長保育室に移動する。 ○保護者の迎えがあった幼児から随時降園する。	・1日の子どもの様子を保護者に理解してもらえるよう、掲示物を活用する。 ・個別の連絡については、一人一人にノートなどで連絡する。

★4歳児クラス指導案のポイント

- 朝の視診では、子どもの姿を見過ごさないようにしましょう。
- 思いを相手に伝えようとすることが大切な時期です。保育者は橋渡しになりましょう。
- 遊びのなかで、一人一人の動きを認めていきましょう（「合図をよく聞いていたね」「早く引越ししていたね」など）。
- おやつを食べた後は、長時間児と預かり保育の短時間児が一緒に遊ぶことができるよう、保育者間で連携を図ることが大切です。

※短時間児と長時間児がいるこども園では、環境の再構成が必要な場合が多いので、そうした計画もしっかり立てておきましょう。

Part 1 保育のドングリを磨く――実習事前指導

6　5歳児クラスの指導案

5歳児クラスについては、幼稚園での1日の指導案を例示します。

5歳児　指導案例（幼稚園）

○月○日○曜日		天候	○	氏名	○○○○
クラス名	○○組（5歳児）男児○名／女児○名　計○○名				
指導者名	○○先生				

子どもの姿	ねらい
①基本的な生活習慣は自立しているが、行動の仕方が雑になっている姿がある。 ②気の合う友達、好きな遊びの傾向が決まってきているので、イメージや考えを出し合い遊ぶ姿が見られる。反面、遊びが固定化したり、考えがうまく調整できず、トラブルになることも多くなってきている。 ③新しいことに期待をもって集中して取り組んだり、集団ゲームなど学級全体の友達と一緒にする中で力を出したりして楽しむ姿が見られる。 ④走る力やバランスをとる力も付いてきて、戸外での運動遊びを思い切り楽しむ姿が見られる。	①友達を意識して、自分の考えや気持ちを言葉や動きで表し伝え合って遊ぶ楽しさを味わう。 ②学級全体で「どっちどっちじゃんけん」をする中で、周りの状況を感じながら自分の力を発揮して遊ぶ楽しさを味わう。
	内容
	・鬼遊び「どっちどっちじゃんけん」の遊び方を理解する。 ・じゃんけんの勝敗に応じて、走って逃げる、追いかけるなどの動きをする。

時間	環境の構成	予想される子どもの活動	保育者の援助
8：45 9：15	〈保育室〉 （黒板・椅子配置図）	○登園する。 ・所持品の始末 ・好きな遊びをしたり、飼育物、栽培物の世話をしたりする。 ・片付け・手洗い ○朝の会に参加する。 ○好きな遊び	・幼児の登園を確実に確認する。 ・個々の心身の状況を把握する。 ・出席人数の把握をし、速やかに報告する。 ・1日の生活に見通しを持てるようにする。 ・自分のやりたい遊びを見つけていく姿を見守るようにする。 ・様子を見て、自分の遊びが見つけられていない幼児を誘い「どっちどっちじゃんけん」を一緒にする。
10：15	・隣同士で両手を合わせてじゃんけんができるようにゆとりのある座り方にする。	○片付け・手洗い　集合 ・コ型に椅子を置いて座る。	
10：30		○鬼遊びの話を聞く。 ・以前に経験した鬼遊びを思い出してみる。 ○鬼遊び「どっちどっちじゃんけん」の遊び方について黒板の図を見ながら、話を聞く。 ○じゃんけん遊びをする。 ・隣の友達と両手を合わせて「ドン」と言ってから、じゃんけんをする。 ・2チームに別れ、それぞれ青色、白色のカラー帽子をかぶって園庭に出る。	・これまでに経験した鬼遊びについて話し合い、今度は少し難しい遊びに挑戦しようという気持ちが持てるようにしていく。 ・どの子にも理解できるように、黒板の図、教師の動きを見せ説明をする。 ・じゃんけんがリズミカルにできるようになるには相手と気持ちを合わせる必要があることを知らせ、繰り返し遊びじゃんけんの確認をしていく。 ・すぐ遊びに入れるように、当番グループで青と白のチームになることを伝える。

時間	環境の構成	予想される子どもの活動	保育者の援助
10:50	・カラー帽子、ラインカー、ホイッスル、救急箱を準備する。 ・事前に園庭に陣地を書いておく。 〈園庭〉 青チーム陣地　10メートル　白チーム陣地 捕まったら丸に入る。	○鬼遊び「どっちどっちじゃんけん」をする。 ※「遊び方」参照 ・教師の笛の合図まで続ける。 ・回戦ごとの勝敗を知る。 ・捕まった人数を数える	・1回戦（1ゲーム）は3～5分程度とし、遊びの状況や幼児の様子を見ながら、2～4回戦行う。 ・瞬時にじゃんけんを判断し動く姿、声や動きを合わせる姿を言葉にして認め、励ます。 ・最後まで集中できるよう、様子を見ながら援助したり応援したりする。 ・チームの勝敗を発表することで、次の回戦に意欲を持って取り組めるようにする。 ・両チームの捕まった人数を対応しながら数え、数えられたらしゃがむことで、勝敗をわかりやすくする。 ・喜びや悔しさを受け止め、また頑張ろうと励ます。
11:20	保	○集合してしゃがむ。 ○遊びの感想を言い合う。	・遊びの後、面白かったこと、困ったことなどについて話し合い、ルールを再確認する。 ・幼児の言葉を受け止め、頑張った姿を認め、次への意欲が持てるようにする。
11:30		○昼食の準備をする。 ・手洗い、昼食の準備	
12:30		○昼食	・落ち着いて丁寧に進められるよう見守る。
13:15		○室内での好きな遊び ・片付け　手洗い　集合	・食後なので、静かに遊べる環境をつくっておく。
13:40	黒板 椅子	○帰りの会 ・歌を歌ったり歌に合わせて楽器を打ったりする。 ・保育者が読む絵本を見る。 ・明日の予定を聞く。 ○降園の支度をする。	・歌に合った楽器や打ち方を、幼児と一緒に考え進めていく。 ・確実にそれぞれの降園場所に行けるよう人数、場所を確認する。
14:00		降園	

★5歳児クラス指導案のポイント

- 子どもの姿②から、ねらい①を設定しています。子どもの姿③④からねらい②を設定し、新しい活動として「どっちどっちじゃんけん」を計画しています。
- 幼児が心身ともに安定して過ごせるよう、活動内容や生活の流れを考えます。
- 保育者から提供していく活動の場合は、幼児自身が興味を持ち、「やりたい」と思って取り組めるように導入を工夫することが大切です。
- ねらい②から、遊び方やこの遊びの楽しさを十分味わえることを援助の重点とするため、チーム分けの仕方は保育者が決め、時間をかけないように配慮しています。
- ねらいや内容につながる幼児の言動は、学級全体に伝わることを意識し、言葉に出して認めるようにします。
- 「嬉しさ」「楽しさ」「くやしさ」などを幼児と共感したり、「今度、頑張ろう」と励ましたりして、チームの友達と気持ちを合わせて遊んだり学級全体の友達と遊んだりする楽しさを味わえるように配慮しています。
- 活動の最後に遊びのなかで感じたこと経験したことを出し合い、ルールを共通にしたり、次回への期待や意欲につなげていくことが大切です。

★どっちどっちじゃんけんの「遊び方」

① 2チームに分かれ、互いの陣地に入る。
② 陣地内で互いに相手側を向いて、「どっちどっちじゃんけん　ジャン・ケン・ポン！」の合図で走り寄り、じゃんけんをする相手を見つける。
③ 相手と両手を合わせて「ドン」と言ってから、じゃんけんをする。
④ じゃんけんに勝ったほうが負けたほうを追いかけて捕まえるが、陣地内まで逃げたら捕まえることはできない。
⑤ 捕まったら相手陣地の隣にある丸の中に入る。
⑥ 捕まらないかぎり、何度も繰り返し相手を見つけ、じゃんけんすることができる。
⑦ 時間になったら笛の合図で終了し、捕まえた人数で勝敗が決まる。

3・4・5歳児クラスの違いについて

各クラスでの七夕への取り組みの例から、それぞれの違いを整理してみましょう。

	ねらい	内容	素材・用具・技法・留意点
3歳児クラス	笹飾りに親しみ、季節の行事を楽しむ。	・三角や四角形の折り紙をのりでつなげることを楽しむ。 ・色や形の面白さを感じながら作ったものを笹に飾る。	・紙、のり、はさみ、セロハンテープ、糸（輪にしておく）。 ・のりの使い方を知る。 ・形に切ってあるものも用意しつつ、自分で切りたいという気持ちを大切にして援助する。
4歳児クラス	七夕の行事に関心を持ち、飾り作りやみんなで笹を飾ることを楽しむ。	・星や月などに興味を持てるような絵本や歌に親しむ。 ・はさみで切ることでいろいろな形ができることを楽しむ。 ・短冊に好きな絵を描いて飾る。	・紙、はさみ、セロハンテープ、糸（輪にしておく）、カラーペン。 ・切り込みを入れる切り方を知る。 ・多様な体験ができるようにし、みんなで飾った満足感を大切にする。
5歳児クラス	七夕の行事を通して、イメージを膨らませて思いを伝え合い、友達と一緒に笹飾りを作ることを楽しむ。	・宇宙に関心が持てるような絵本や歌に親しみ、イメージを広げる。 ・七夕にふさわしい飾りを考え、話し合って笹飾りを作る。	・紙、空容器、スズランテープ、糸、はさみ、セロハンテープ、ビニールテープ。 ・宇宙のイメージを広げることや、願いを持ち伝え合うことを大切にし、発想に応じた材料が使えるようにする。

step3 模擬指導で実践力をつける

学習期間　　年　　月～　　年　　月

　これまで、実習に必要な専門性について学んできましたが、さらに実際の実習場面につなげるために、模擬保育による学習を行います。模擬保育は、保育技能を獲得する効果的な学習方法で、「ディープアクティブラーニング」と位置付けられ、学生同士による役割演技であっても力量形成につながることが明らかになっています（金子他、2018）。実習前に授業内で取り組んでみましょう。

▶ 1　部分指導　部分指導の模擬指導案の実際

　様々な年齢の子どもたちの発達と生活の様子を想定し、部分指導の模擬保育を行いましょう。
　また、実践後には振り返りと自己評価を行い、学生同士や指導者からの助言を受けましょう。実習前に養成校で、模擬保育の経験をすることによって、子どもの発達や子どもの興味関心に応じた保育実践方法を身に付けていきます。

1　部分指導の模擬保育の流れ
　ここでは、絵本の読み聞かせ実践を想定し模擬保育を行います。

1）グループ作り
　小グループ（5～10人）を作り、各自が計画する活動の対象年齢がグループ内で偏らないように調整します。

2）実態把握・教材研究
　設定年齢の発達の様子や興味関心などについて調べ、子どもの実態を把握します。そのうえで子どもの実態に即した絵本の選定を行います。絵本の見やすさ、大きさ、ストーリーの内容や長さ、また、季節や行事などにも配慮し絵本を選定しましょう。絵本の読み方の練習も十分に行います。

3）事前課題（指導案の作成）
　設定年齢の指導案を作成します（全員）。グループ人数分をコピーし、当日配布できるよう準備します。

4）模擬保育

机を移動するなど、できる限り保育室に近い空間環境を用意します。グループ内で順番に保育者役を演じ、その他の学生は設定年齢に応じた子ども役を演じます。各実践後、保育者役の気付いた点についてグループ内で述べ合い、担当教員のアドバイスを受けます。その後、改めて模擬保育の計画から実践までを振り返ります。

絵本を読む模擬指導──1歳、2歳、3歳、4歳、5歳から選択して指導計画を立てよう

指導案の作成に向けて、子どもの実態把握を行い、絵本の選定や教材研究、ねらい・内容を考えてみましょう。

【設定年齢】　　　　歳児　　　月

子どもの発達の様子・興味関心⇒（子どもの姿）

子どもたちに育ってほしい・経験してほしいこと
指針・要領等を参考に考えてみましょう⇒育ちの要素①

選んだ絵本の題名

あらすじ

実践に向けてのメモ

絵本を通し子どもたちに味わってほしいこと
絵本そのものの魅力、また指針要領「保育の内容　ねらい及び内容、言葉」等も参考に考えてみましょう⇒育ちの要素②

ねらい（育ちの要素①・②をもとに考える）

内容

2 実習に必要な専門性を養う

2 部分指導の模擬保育の実際

保育所2歳児を想定した模擬保育指導案例をあげます。

○月○日○曜日		天候	○	氏名	○○○○
クラス名		○○組（2歳児）男児○名／女児○名　計○○名			
指導者名		○○先生			

子どもの姿	ねらい
・保育者が読む絵本や手遊びを楽しみにしており、気に入った絵本を読んでほしいと保育者に伝えてくる姿が見られる。 ・絵本に出てくる言葉を口ずさんだり、身体で表現したりする姿が見られる。また、保育者が読んだ絵本がきっかけとなり、ままごとコーナーで料理を作ったり、レールをつなげ電車やミニカーを走らせたりなど、絵本のイメージを持ち、自分の遊びに取り入れる姿が見られる。	・保育者や友達と様々な表現を楽しむ。 ・絵本に親しみイメージの世界を広げる。 ・言葉が持つ音の響きやリズムの面白さを味わう。
	内容
	・「まあるいたまご」の手遊びをする。 ・『しろくまちゃんのほっとけーき』の絵本を見る。

時間	環境の構成	予想される子どもの活動	保育者の援助
10：00	（図：実習生の周りに子どもたちが集まる様子）	・実習生の周りに集まる。 ・実習生の話を聞く。 ○「まあるいたまご」の手遊びをする。 ・保育者の問いかけに答える。 ・「おおきいたまご」「ちいさいたまご」など、いろいろなたまごにアレンジして楽しく手遊びをする。	・集まってきた子どもたちを温かな雰囲気で迎える。 ・ゆったりと落ち着いた声で子どもたちに話をする。 ・手遊びをする際には、ゆっくりわかりやすく、手を動かし、子どもたちの顔を見ながら表現豊かに行う。 ・「次はどんなたまごが出てくるかな？」など、子どもたちのイメージを引き出し、様々な表現を子どもと共に楽しむ。 ・「いろんなたまごでどんなごちそうができるかな？」などと問いかけたり、子どもの話に応じる。
10：10	〈絵本〉 『しろくまちゃんのほっとけーき』 わかやまけん（作）こぐま社	○絵本『しろくまちゃんのほっとけーき』を見る。 ・読み聞かせに期待を持つ姿が見られる。 ・「ぽとん」「まあだまだ」など、知っている言葉を口ずさんだりする姿が見られる。 ・「たまご、われちゃった」などの声があがる。 ・ホットケーキを作る真似をしたり、「ぺたん」「くんくん」など絵本の言葉を真似したりする。 ・「できた」などの歓声をあげたり、食べる真似をする子どもがいる。	・「しろくまちゃんは、たまごで何を作るのかな」など、子どもたちが絵本に興味を持てるよう話をする。 ・子どもたちが見やすい位置、絵本の持ち方・高さ、聞きやすい声の出し方などに配慮する。 ・子どもの声に応じながら、話を進めていく。 ・生地をフライパンにのせ、ホットケーキが完成するまでの場面では、擬音や擬態語のリズムや間の取り方に配慮し、子どもたちが絵本のイメージを膨らますことができるよう工夫する。 ・「しろくまちゃんのホットケーキ、おいしくできたね」など子どもに問いかけたり、子どもの声を受け止めたりしながら、絵本の世界を共に味わう。

Part 1 保育のドングリを磨く──実習事前指導

 保育力の向上に向けて

【指導案の作成：「どのように？」「何のために？」を考えよう】
・指導案を作成する際、どのような形態で集まるようにするのか（保育者のまわりに集まる、椅子に座るなど）、「絵本の導入の際、子どもたちにどのような言葉をかけるのか」など保育の流れを具体的にイメージしてみましょう。また、保育者の援助については、「〇〇をする」といった保育者の行動だけではなく、「何のために何に配慮して〇〇するのか？」といった保育意図やねらいを含めて書くことが大切です。

【模擬保育に向けて：保育場面をシミュレーションしてみよう】
・指導案が完成したら、実際の保育場面をシミュレーションしてみましょう。見通しを持つことで心にゆとりが生まれます。また、子どもたちが絵本の世界をより楽しめるための保育技術も磨いておきましょう。絵本の持ち方、声の大きさや話の仕方、表情や立ち居振る舞いなど、実習生も環境の一部であることを意識しましょう。

【模擬保育後：反省的な態度を身に付け実践力を向上させよう】
・質の高い子ども主体の保育実践を目指すには、反省的な態度を培うことが重要です。模擬保育や実習での実践はそのような態度を培う第一歩。ただし、反省すると言ってもただ単に「できた」「できなかった」と思い返すだけではなく、「子どもにとってどうだったか」「あのとき、ほかにどのような援助ができたのか」など子どもの視点から深く掘り下げて振り返ってみましょう。保育するうえで大切なこと、子どもにとって大切なことが見えてくると思います。
・模擬保育を実践してみて、「ここは良かった」「もう少しこうすれば良かったかな」と自分なりに思ったこと、グループメンバーや教員からのアドバイスを受け、初めて意識したことなどいろいろな気付きがあったと思います。ぜひ、次の実践に活かせるよう、改善案を具体的に考えてみましょう。
・授業後、改めて模擬保育を振り返ってみましょう。ねらい・内容は適切であったか、時間配分はどうだったか、環境構成や保育の流れ、子どもの姿や保育者の援助はどうだったかなど、指導案一つ一つの項目について振り返ることで、実習に向けての課題が明確になります。

▶2　課題活動の指導──一斉指導の模擬保育の実際

　責任実習では、課題のある活動を主活動とし、一斉指導を行う場合が少なくありません。実習全体を充実したものにするためにも、実習期間に入る前に、年齢別の活動をいくつか考え、ロールプレイを行っておくとよいでしょう。主活動という言葉を使わず、一斉指導がない実習もありますが、多くの場合は求められると考えて準備をしておきましょう。

1　課題活動の模擬保育の流れ
　指導案通りに保育者役を演じることは時間の関係で難しいので、以下のような流れで行います。

1）グループ作り
　小グループ（5～10人）を作り、各自が計画する活動の対象年齢や活動内容がグループ内で偏らないように調整します。なお、主活動として一斉指導場面を含む責任実習を行うのは、主に3、4、5歳児クラスと考えて、ここでは3歳児以上を対象とします。机が移動できる教室を確保し、できる限り保育室に近い空間や環境を用意します。

2 実習に必要な専門性を養う

2）事前学習課題

全員が設定年齢の発達に適した活動部分の指導案を作成し、グループ人数分コピーし、導入場面（5〜7分程度、人数によって調整）の実演ができるよう準備をします。子どもの意欲につながる導入となるよう、ゲームや製作活動の説明や表現のイメージを広げる場面では、「モデル（もの・人）」や「視覚教材（図・ペープサートなどの児童文化財）」「素材・用具」などを工夫し、それぞれに持参します。

3）模擬保育の授業1回目

グループ内で順番に保育者役を演じ、その他の学生は設定年齢に応じた子ども役を演じます。各実践後に保育者役の振り返りとチェックシート（導入用）の記入を行い、気付いた点について述べ合い、担当教員のアドバイスを受けます（5〜7分）。終了後にチェックシートを集めて本人に渡し、グループ代表を決めます。

4）事後学習課題

全員がチェックシートから自分の指導上の課題を理解し、振り返りと指導の改善に役立てます。また、グループで集まり、代表の模擬指導の準備をします。指導案の改善、環境構成に必要な物的環境、予想される子どもの姿を演じる役について協議し、担当を決め、計画を立て（7〜10分程度）、指導案を担当教員に提出します。

5）模擬保育の授業2回目

各グループの指導案を受講生分、コピーし配布します。グループの保育者役は、ねらいとどの部分を演じるかを発表してからロールプレイを行い、全員で参観し、それぞれの工夫と教員のアドバイスから学び合います。

（拡大コピーして使用する）

模擬保育チェックシート（導入用）　　年　月　日

保育者役　　　　　　　　　　　　　　　　　　　　　記入者

保育態度／姿 （身なり・姿勢・話し方の印象）	◎ ○ △ ▽	保育技能／指導 （指導案のねらいとの適合）	◎ ○ △ ▽
保育態度／気持ち （雰囲気・表情の余裕）	◎ ○ △ ▽	環境設定／配慮 （安全、汚れ、動線配慮）	◎ ○ △ ▽
保育態度／対話的 （個別配慮的・応答的態度）	◎ ○ △ ▽	環境設定／空間 （机等配置、立ち位置等）	◎ ○ △ ▽
保育技能／発話 （わかりやすく聴きやすい言葉）	◎ ○ △ ▽	環境設定／工夫 （視覚教材、素材、用具）	◎ ○ △ ▽
保育技能／伝達 （注意集中、間、タイミング）	◎ ○ △ ▽	子ども評価／満足感 （楽しさ、意欲、主体性）	◎ ○ △ ▽
保育技能／視野 （視線、集団と個別のバランス）	◎ ○ △ ▽	子ども評価／達成感 （発展持続性、夢中）	◎ ○ △ ▽

コメント・改善点

Part 1　保育のドングリを磨く——実習事前指導

2　課題活動の模擬保育の実際

　こども園4歳児クラスの想定した造形表現活動の模擬保育指導案例をあげます。ここでは、一斉活動で始まっても、「表現」領域のねらいに即した自由な発想による展開が期待できる活動を紹介します。

封筒タウンの壁面への発展例

（　）内のような留意点は指導案に記載しない場合もある

○月○日○曜日		天候	○	氏名	○○○○
クラス名		○○組（4歳児）男児11名／女児11名　計22名			
指導者名		○○先生			

子どもの姿	ねらい
・行事を通してクラス全体での活動や遊びを楽しむようになり、お互いの気持ちを考え、自分の思いを伝えて自分たちで遊びを進める様子が見られる。 ・おうちごっこや人形と家の玩具を楽しむ姿が見られる。 ・新しいことに期待を持って取り組む姿が見られるが、長時間児と短時間児の描画経験に違いが見られるため、みんなで楽しめる造形表現の体験が必要である。	・イメージした家を表現し、友達と思いを伝え合う楽しさを味わう。
	内容
	・封筒を使って家の形を作り、家のイメージを広げて表現する。 ・家を大きな画面上に貼り、イメージを伝え合ってみんなの町をつくっていく。

時間	環境の構成	予想される子どもの活動	保育者の援助
11：20	準備 ・角2封筒（リサイクル等）30枚・背景用模造紙（空色×4）＋地面（クラフト紙4分の1幅）。 ＊前に掲示。 ・屋根用の紙（△）・切り落とし紙（□）。 保育室 ＊グループはいつも通り。		＊リサイクル封筒を集めておく。 ＊封筒に印と補助線を付けておく。 　上部T字型（少し先が出るよう）にする。 　下部中央に印 ＊屋根用の紙は好きな柄が選べるよう種類を豊富に用意する。 ＊切り落としの紙は、エントツや扉や窓や人形作りなどを想定して切っておく。 ＊個人持ちのはさみとカラーペンを用意してから着席するよう伝えておく。

2 実習に必要な専門性を養う

時間	環境の構成	予想される子どもの活動	保育者の援助
10：30	机の上 ＊シートを敷く。 ・封筒各1、のり・セロハンテープ台2 ・カラーペン・はさみ各1・手拭き	○引き出しからはさみとカラーペンを出して着席する。 ○体を正面に向けて座る。 ○保育者が封筒から家を作る様子を見ながら話を聞く。	・顔が見えるように座るよう促す。 ・封筒が家になり町ができることに関心が持てるように話す。(手を入れて封筒さんと挨拶し、変身して家になり、大きな紙にも貼れるモデルを示す。実態によっては家を作るところまでにし、発展の仕方は子どもに任せる)
10：40		○封筒を折る。 ・折り方がわからない子どもがいる。 ○折った部分が広がらないようにセロハンテープでとめる。 ・セロハンテープを長く切る、順番を待てないなどの姿が見られる。	・印に気付くよう問いかける。 ・いろいろな折り方でよいこと、セロハンテープの使い方の注意を伝え（切口の危険、ちょこちょこ貼りの勧め)、グループ内の互いの様子に気付くように言葉をかける。
10：45		○屋根の紙を選び、のりで貼る。 ○家のイメージを広げ、家の中を描く、扉部分を切るなど自由に家のイメージを表現する。 ・扉部分の切り込みが難しい姿が見られる。 ・エントツや窓の表現に関心を持つ姿も見られる。	・屋根の紙を選ぶよう伝える。 ・誰が住んでいるのかなど、イメージを広げる問いかけをし、扉を開けるモデルを示し、はさみやペンなどを自由に使うよう伝える。 ・家を訪れる、何のお店かを聞くなどイメージを具体化する言葉をかけ、エントツなどに自由に使える紙があることを知らせる。 ・グループ内で見合い、思いや考えを伝え合うことを促す。
11：10		○友達の表現をヒントにしながら自分の好きな家を作る。 ○大きな画面に自分の家を置いて町のイメージを広げる。 ・家作りを続けたい幼児や道作りに関心を持つ幼児がいる。 ○自分が使った物や場所の片付けをして再度着席する。	・それぞれの家を持ち寄って町を作るイメージが持てるように準備する。 ・空間表現の個人差に即したモデルを示す。 ・家を作っていても町を描いてもよいことを伝え、楽しむ姿を見守る。 ・次の活動時間が近づいたことを伝え、片付けを促す。 ・みんなで見合い、続きの活動に期待が持てるようにする。
11：25	○大きな画面を準備する。 ○家を仮貼りできるテープ、道になる紙を用意する。（黒板にマグネットをつけてもよい） ＊描画材はカラーペンだけでなくクレヨン、パレットに絵の具と綿棒等もよい＊人形、木、雲など発展可能性を考え「遊び」になるようにする。		

113

Part 1 　保育のドングリを磨く──実習事前指導

WORK　模擬指導案を書くための構想力を鍛えよう

　実習中に作成する指導案は、園の様子を把握し、園の方針や週のねらいなどに沿って作成しますが、ここでは「子どもの姿」と「ねらい」と「内容」のつながりを理解するためのワークとして空欄に記入してみましょう。
　①「子どもの姿」から「ねらい」を考え「内容」を決め、教材研究をする。

〈把握した実態〉

> 4歳児クラス6月
> ・身の周りのことは自分でしようとし、学級全体で動くことに期待を持つ幼児が増えている。
> ・簡単なルールのある鬼ごっこや集団遊び（ゲーム）など、体を動かして遊ぶことを楽しむ姿が見られる。
> ・同じ場や同じものを身につけて遊ぶなかで、友達との関わりを楽しんでいる様子が見られる。
> ・集団での遊びに関心を持つ一方、一部に見ている様子も見られる。

⬇

〈分析の観点と理解〉

> 1）生活の様子

> 2）好きな遊び・興味関心

> 3）友達・保育者等との関係

⬇

〈育ってほしい心情や態度〉

> ねらい（分析の観点1〜3のどこを主にする？）

⬇

〈達成のための体験・活動〉

> 内容

⬇

教材研究をする

2 実習に必要な専門性を養う

②「ねらい」に適合する「実態と把握すべき点」などを考えてみる。

〈把握すべき実態：興味関心、経験と技能〉

（　　）歳児：

〈ねらい：育ってほしいこと〉

・新しいことに進んで取り組もうとする。
・色や形やその変化に関心を持ち、スタンピングを繰り返し楽しむ。

〈内容：育ちのための体験・活動〉

③「内容」に適合する「ねらい」「実態と把握すべき点」を考えてみる。

〈把握すべき実態：興味関心、経験と技能〉

（　　）歳児：

〈ねらい：育ってほしいこと〉

〈内容：育ちのための体験・活動〉

・ゴムで飛ばすおもちゃ作りを楽しむ。
・友達と一緒に飛ばし方や遊び方を工夫して遊ぶ。

Part 1 保育のドングリを磨く──実習事前指導

▶3 グループ討議から改善へ

模擬保育は、うまくいくことより学びが多いことが大切です。「導入用チェックシート」は主に保育技能を振り返るものなので、ここでは、保育のねらいと照らし合わせてみましょう。

 模擬保育を振り返ろう

以下をチェックして、自分の保育を多面的に振り返りましょう。

◎とてもあてはまる　○ややあてはまる　△あまりあてはまらない　▽あてはまらない

1　幼稚園教育要領、保育所保育指針、幼保連携型認定こども園教育・保育要領から

〈ねらい〉ここでは主に「幼保連携型認定こども園教育・保育要領」（平成29年告示）を用います。

「教育・保育要領　第1章総則　第1　3（1）育みたい資質・能力」を育むのにつながる「ねらい」でしたか？		
ア	豊かな体験を通じて、感じたり、気付いたり、わかったり、できるようになったりする「知識及び技能の基礎」	◎○△▽
イ	気付いたことや、できるようになったことなどを使い、考えたり、試したり、工夫したり、表現したりする「思考力、判断力、表現力等の基礎」	◎○△▽
ウ	心情、意欲、態度が育つなかで、よりよい生活を営もうとする「学びに向かう力、人間性等」	◎○△▽

「第2章第3　満3歳以上の園児の教育及び保育に関するねらい及び内容」のそれぞれの領域の「ねらい」の達成につながる「ねらい」でしたか？				
健　康	人間関係	環　境	言　葉	表　現
(1) ◎○△▽	◎○△▽	◎○△▽	◎○△▽	◎○△▽
(2) ◎○△▽	◎○△▽	◎○△▽	◎○△▽	◎○△▽
(3) ◎○△▽	◎○△▽	◎○△▽	◎○△▽	◎○△▽

〈内容〉枠を増やすと全項目をチェックすることもできます。最大は「人間関係」で19枠必要です。

「第2章ねらい及び内容並びに配慮事項　第3　満3歳以上の園児の教育及び保育に関するねらい及び内容」の中から確認したい領域を選び関連性を振り返りたい「内容」や「内容の取扱い」についてチェックしましょう。										
領域（　　　　）		内　容					内容の取扱い			
(1)	(2)	(　)	(　)	(　)	(　)	(　)	(　)	(　)	(　)	(　)
◎○△▽	◎○△▽	◎○△▽	◎○△▽	◎○△▽	◎○△▽	◎○△▽	◎○△▽	◎○△▽	◎○△▽	◎○△▽

〈振り返り・改善点〉

2　子どもの発達と適合から

導入用チェックシートやグループ討議から以下の点から見直しをしましょう。

計画した実施時期（　　）歳児（　　）月→チェック→適した実施時期（　　）歳児（　　）月

季節との適合	興味関心との適合	社会性の発達との適合	言葉の発達との適合	手指の発達との適合
◎ ○ △ ▽	◎ ○ △ ▽	◎ ○ △ ▽	◎ ○ △ ▽	◎ ○ △ ▽
◎ ○ △ ▽	◎ ○ △ ▽	◎ ○ △ ▽	◎ ○ △ ▽	◎ ○ △ ▽
◎ ○ △ ▽	◎ ○ △ ▽	◎ ○ △ ▽	◎ ○ △ ▽	◎ ○ △ ▽

〈振り返り・改善点〉

3　実習に向けて

自分自身の保育の改善点を明らかにして実習に臨みましょう。

保育態度（チェックシートの指摘事項から）	◎ ○ △ ▽	活動欄の流れと予想の区別	◎ ○ △ ▽
保育技能（チェックシートの指摘事項から）	◎ ○ △ ▽	援助欄への根拠の記載	◎ ○ △ ▽
環境設定（チェックシートの指摘事項から）	◎ ○ △ ▽	養護的な援助、受容性	◎ ○ △ ▽
指導案の用語（法令や p.69 から検証）	◎ ○ △ ▽	教育的な援助、指導性	◎ ○ △ ▽
指導案の表現（主語、受け身・敬語等）	◎ ○ △ ▽	子どもの発達や特性の理解と配慮	◎ ○ △ ▽
ねらいの適切性（姿や内容とのつながり）	◎ ○ △ ▽	子どもの主体性や自己決定の尊重	◎ ○ △ ▽
内容の適切性（子ども評価から・楽しさ）	◎ ○ △ ▽	自己課題（　　　　　　　）	◎ ○ △ ▽

〈振り返り・改善点〉

step4 直前準備

学習期間　　年　　月～　　年　　月

▶ 1　オリエンテーション

　実習園が確定したら実習前に訪問し、実習に向けてのオリエンテーションを行います。オリエンテーションでは、実習中のスケジュールや準備物、その他実習に向けて必要な事柄を伺います。実習前の訪問ですが、園との最初の顔合わせの機会です。電話をかけるときからすでに実習が始まっているという意識を持って臨みましょう。

❶　オリエンテーションの依頼と日時調整

　実習園に電話をかけ、訪問日の調整を行います。スムーズに日時調整が図れるよう、あらかじめ訪問可能な候補日時をいくつか考えておきましょう。複数で実習する場合は、事前に全員で候補日を調整しておきます。電話の声からも実習に対する意欲は伝わるものです。電話でのマナー事項を確認し、姿が見えないからこその気配り、心配りをしましょう。伝えるべきこと、伺いたいことをメモにまとめておくことも大切です。訪問日が決定したら訪問日時を復唱し、相手が電話を切った後でこちらの電話を切るようにします。

 電話で聞くことを整理しておこう

複数で実習する場合は代表者が連絡し、自分が代表で電話をかけていることを伝えます。
【電話をする前の準備】
- 実習園の電話番号、施設名、園長名を確認する。
- 実習先の都合に配慮した時間帯を選び電話をかけましょう。
  （望ましい時間帯）
  　〈保育所〉午睡の時間帯の 13 時～14 時
  　〈施設〉昼食時を避けて 10 時～11 時、13 時～15 時
  　〈幼稚園〉園児降園後の 15 時～16 時
- 必要事項を書いたメモ、予定表を準備しましょう。
  　例：大学名、学科、学年、氏名、実習期間
  　　　訪問可能日時の候補
  　　　授業等と重なり可能ならば避けたい曜日と時間
  　　　（複数での実習の場合、全員で調整をしておく）
  　　　当日持参するもの

電話のかけ方を練習してみよう

　顔を合わせたことのない人との電話でのやり取りは第一印象となり、その人のイメージを作り上げてしまいます。早口にならないように、はきはきとした口調で話しましょう。実習の日程を決めるための電話のやり取りを想定して、セリフを書いてみましょう。

【電話のかけ方を練習してみましょう】
●まず名乗り、用件を伝える。
実習先　「はい。〇〇〇〇です。」
あなた　学校名・学科・学年・氏名・用件を簡潔に話します。
実習担当者に取り次いでいただけるようにお願いしましょう。

●実習担当者が電話口に出たら、再度名乗り、本題に入る。
実習先　「お電話代わりました。実習担当の〇〇です。」
あなた　再度名乗り、要件の本題に入ります。

●実習開始1カ月程度前の日程で自分に支障のない曜日・時間を確認しておきましょう。
実習先　「そちらの希望日はありますか？」
あなた　希望を聞いていただいたことに対してお礼を述べましょう。

2　オリエンテーション当日

　オリエンテーション時の持参物（筆記用具、メモ帳、書類等）の確認を事前に行い、指定時刻よりも早めの到着を心がけます。初めての場所で道に迷ったという理由であっても遅刻は厳禁です。園の場所や交通手段、所要時間などあらかじめ確認をしておきます。また、事前にホームページ等で保育方針や園の概要を調べておき、実習園への理解を深めておきます。園に到着したら、感謝の気持ちを込めて明るくさわやかに挨拶をしましょう。

〈オリエンテーションでの主な確認事項〉
　実習に向けての有意義な話し合いとなるよう、確認したいこと、伺いたいことをあらかじめ整理しておきましょう。
　①実習開始日、期間

②出勤時間、出勤簿

③実習中のスケジュール（配属クラス・実習中の行事等）

④通勤および実習中の服装、必要な用具等

⑤昼食について（弁当持参or給食）

⑥実習に必要な経費と支払方法（給食費等）

⑦実習日誌の書き方と提出方法

⑧部分実習・責任実習（実践させていただくクラス、内容、指導案等）

⑨園の概要、園の子どもの様子

⑩その他、必要事項

▶2　細菌検査・体調管理・生活技術

　ここでは、細菌検査や体調管理、生活技術といった実習開始までに必要な準備事項について確認していきます。

1　細菌検査

　児童福祉施設等の実習では事前に細菌検査（検便検査）を行い、検査結果報告書を実習先に提出する必要があります。検査日程・検査方法などについては、養成校の指示に従います。検査時期によっては実習が開始できないということにもなりかねません。漏れのないよう注意しましょう。

2　体調管理

　体調を管理することも大切な準備事項です。特に実習中は、体力を消耗しますし、生活のリズムも学生生活のリズムとは全く異なります。また、保育の実践に参加するなど緊張を伴う場面も多くあります。早寝早起きをする、しっかり食事をとるなど、基本的な生活習慣を実習前から見直し、体調を万全に整えておくようにしましょう。

3　生活技術

　保育の場では様々な生活技術が必要とされます。「自分では挨拶したつもりなのに、挨拶ができていないと注意された」「子どもにお箸の持ち方を指摘された」「給食で初めて食べた野菜があった」「施設実習でご飯を炊くように指示されたが、水の加減がわからなかった」など、実習先で困ることがないように、自らの生活体験、生活技術について見直しておくことも大切です。

▶3　持ち物・服装・通勤

　実習目前となり、日誌や指導案の書き方、部分実習や責任実習での教材準備など、実習に向けての事前準備も大詰めを迎えていることと思います。実習での学びの準備を行うと同時に、実習に必要な持ち物、服装、通勤についての確認も行いましょう。

1　持ち物・服装

　服装については養成校や実習先から指定された通勤着（スーツ、通勤着等）、実習着を準備します。清潔で簡素なさっぱりとした服装を心がけましょう。髪型などの身だしなみも同様です。保育者になるための実習ですから、子どもたちはもちろんのこと、誰が見ても信頼できる安心できる服装、身だしなみを心がけます。保育の場に入らせていただくという立場であることを忘れずに。特に実習着は毎日洗濯された清潔な服装を着用します。実習目前になってあわてることのないよう、事前に準備しておきましょう。

2　通勤

　公共交通機関を使用します。自宅から実習園までの所要時間、利用路線やバスの時刻表などを事前に確認しておきましょう。雨天の場合など交通の遅れが生じる場合があります。出勤時間については、指定された時間ぎりぎりに到着するのではなく、時間に余裕を持って到着するように心がけましょう。出勤時間には、出勤時の押印や日誌の提出、着替えを終え、実習がスタートできる状態であることが理想です。

細菌検査にかかる日数と留意点

　腸内細菌検査の重要性は実習生が健康であることを明確にし、感染源にならないことにあります。健康な人は保育者であっても自覚症状がない場合があり、検査を受けずに実習を開始することで抵抗力の弱い人を感染させてしまう危険があります。

〈検査項目〉
病原性大腸菌 O-157、赤痢菌、サルモネラ菌、チフス菌、パラチフス菌
（その他指定があれば追加します）

〈腸内細菌検査に関する注意事項〉
①検査が可能な機関、料金を調べておきましょう。
②検査機関によって検査結果が出るまでの日数に多少の差があります（4日から1週間程度）。
　結果が出るまでの日数を確かめ提出日に間に合うように準備しましょう。
③検査は実習直前の健康状態を調べるものです。実習開始から2、3週間前を目安に受けましょう（検体は提出日前日または当日のものを提出しましょう）。
④検査結果が「陽性」と出た場合、実習を開始することはできません。医師に相談して薬を服用し、完治してから実習可能となります。
⑤実習期間が近づいてからの海外旅行や普段からの食事内容にも十分注意しましょう。

Part 1　保育のドングリを磨く——実習事前指導

 必要な生活技術の身に付け方を記入しよう

挨拶	言葉	連絡・通告・相談
掃除	洗濯	食事
炊事	文字	姿勢・体位

 実習にふさわしい身だしなみを考えてみよう

　実習では社会人としての責任を持った行動が求められます。それは同時に子どもたちの見本となる立ち居振る舞いでなければならないと言えるでしょう。

通勤……スーツが望ましいでしょう。季節や実習先によってその限りではないこともありますが、崩しすぎない適切な服装を心がけましょう。

実習着……実習にふさわしい身だしなみについて、理由も含めて考えてみましょう。

Part 2
保育のドングリを育てる
実習指導・事後指導

　「保育のドングリ」(「保育者になりたい」という気持ち)は、これまでの学習によって磨かれ、いよいよ実習に行く段階になりました。Part 2 では、まずそれぞれの実習に必要な事柄について学んでいきます。
　そして最後に、実習後、保育者への道をどのように歩んでいくのかについて学びます。実習中に必要な専門的知識や社会に出るのに欠かせない倫理についてなどの重要な学びが待っています。

〔Part2 学習イメージ〕

保育の現場

3　保育実習
- Step1　実習までの学び
- Step2　実習での学び
- Step3　実習後の学び

4　施設実習
- Step1　実習までの学び
- Step2　実習での学び
- Step3　実習後の学び

5　幼稚園実習
- Step1　実習までの学び
- Step2　実習での学び
- Step3　実習後の学び

6　実習から保育者へ
- Step1　実習を振り返る
- Step2　学びを深める
- Step3　就職活動に向けて

3

保育実習

 **実習までの学び**

学習期間　　年　　月〜　　年　　月

▶ 1　保育所保育の理解

　実習先である保育所における保育の特性について学びましょう。第一に、保育所保育の大きな特徴はその保育時間の長さにあると言えるでしょう。子どもたちは、生活時間4時間を原則とする幼稚園よりもさらにはるかに長い時間、8時間以上も保育所で過ごしています。また、0歳も含む乳児期から小学校就学前までの発達初期の子どもたちを対象に保育を行っていることがあげられます。

　このようなことから「保育所保育指針」では、保育所保育の特性として、専門職としての保育士が、家庭と連携をとりながら「子どもの状況や発達過程を踏まえ、保育所における環境を通して、養護及び教育を一体的に行うこと」として、発達の支援である教育とともに「養護」の重要性を指摘しています。また、保育の目標の1つとして「十分に養護の行き届いた環境の下に、くつろいだ雰囲気のなかで子どもの様々な欲求を満たし、生命の保持及び情緒の安定を図ること」をあげています。「保育所保育指針」では養護については次のように説明されています。

　「保育における養護とは、子どもの生命の保持及び情緒の安定を図るために保育士等が行う援助や関わりであり、保育所における保育は、養護及び教育を一体的に行うことをその特性とするものである。保育所における保育全体を通じて、養護に関するねらい及び内容を踏まえた保育が展開されなければならない。」

　ここで踏まえなければならないとされる養護に関する「ねらい」は以下の通りです。

・生命の保持
1　一人一人の子どもが、快適に生活できるようにする。
2　一人一人の子どもが、健康で安全に過ごせるようにする。
3　一人一人の子どもの生理的欲求が、十分に満たされるようにする。
4　一人一人の子どもの健康増進が、積極的に図られるようにする。

・情緒の安定
1　一人一人の子どもが、安定感をもって過ごせるようにする。
2　一人一人の子どもが、自分の気持ちを安心して表すことができるようにする。
3　一人一人の子どもが、周囲から主体として受け止められ、主体として育ち、自分を肯定する気持ちが育まれていくようにする。
4　一人一人の子どもがくつろいで共に過ごし、心身の疲れが癒されるようにする。

　このように保育所は子どもにとっては生活時間の大半を過ごす生活の場であり、しかも乳幼児期の子どもたちを対象としていることから、特に養護の視点を持つことに留意しなければなりません。具体的に保育所の生活を理解するために、デイリープログラムを見ていきましょう。「生命の保持」と「情緒の安定」のねらいを達成するために必要な多くの活動が含まれていることがわかります。

〈デイリープログラム〉

時間	0歳児	1・2歳児	3歳以上
7:00	開園 0・1・2歳児混合保育 登所・健康観察	0・1・2歳児混合保育 登所・健康観察	3・4・5歳児混合保育 登所・健康観察
8:00	別室に移動 個々に合わせた保育離乳食	自由遊び	自由遊び
9:00	担任による健康観察 睡眠・授乳	クラス別保育 担任による健康観察、おやつ	クラス別保育 担任による健康観察
10:00	散歩、室内遊び、戸外遊び	散歩、室内遊び、戸外遊び	散歩、室内遊び、戸外遊び
11:00	離乳食・給食 沐浴、お昼寝準備	食事	食事
12:00	お昼寝	お昼寝準備	片付け、歯磨き、自由遊び お昼寝準備
13:00		お昼寝	お昼寝（年齢にあわせ実施）
14:00	目覚め、着替え、視診、おやつ		
15:00	遊び	目覚め、着替え、視診おやつ	目覚め、着替え、視診おやつ
16:00	降園準備降園（随時）	降園準備降園（随時）	降園準備降園（随時）
17:00	0・1・2歳児混合保育	0・1・2歳児混合保育	3・4・5歳児混合保育
18:00	延長保育	延長保育	延長保育
19:00	延長保育降園、閉園	延長保育降園、閉園	延長保育降園、閉園

越谷市ホームページ（2019）

COLUMN 保育士と子育て支援

　保育所保育指針においては、保育所の役割の1つとして「入所する子どもを保育するとともに、家庭や地域の様々な社会資源との連携を図りながら、入所する子どもの保護者に対する支援及び地域の子育て家庭に対する支援等を行う役割を担うものである」と述べています。

　このように保育士の職務として、入所する子どもの保育を行うだけでなく、入所する子どもの保護者とともに地域全体の子育て家庭に対する支援を行うことが含まれています。地域の子育て家庭に対する支援は、保育所に併設されていることもある子育て支援センターなどで行われています。子育ての相談を受けるだけではなく、遊びの機会の提供、保護者同士の交流の機会の提供など様々です。このような場面で保育士は専門的な知識、技術などをもって支援していかなければなりません。

　子育て支援の業務を保育実習のなかで行うことはありませんが、保育士として子育て家庭への支援が円滑に行えるよう、様々な人と関わるためのコミュニケーション能力を高めるために、ボランティアやアルバイトなどを通して多くの人々と関わりを持っておくとよいでしょう。また、子育て支援センターを見学し、利用している保護者の様子を見たり、話を伺う機会を持ったりする経験も必要となっていきます。

step2　実習での学び

学習期間　　年　　月～　　年　　月

▶1　保育実習の目的

　保育実習を行う目的を確認しましょう。保育実習実施基準（「指定保育士養成施設の指定及び運営の基準について」（平成15年12月9日雇児発第1209001号厚生労働省雇用均等・児童家庭局長通知）では、保育実習の目的として「保育実習は、その習得した教科全体の知識、技能を基礎とし、これらを総合的に実践する応用力を養うため、児童に対する理解を通じて保育の理論と実践の関係について習熟させることを目的とする」ことが示されています。子ども一人一人をどのように理解し、育ちを支えていくのか、日々の保育はどのように作られているのか、また、保護者とはどのように関わり、どのように支援しているのか、最善の利益とはどのようなことなのかなど、実際の保育の場に身を置くなかで、保育士の役割や職務について学んでいきます。つまり、実習は、保育実践の場に入り、座学と実学を往還させ、保育者の専門性を習得していく機会であると言えます。そのためには、実習を通して知りたいこと・学びたいことなど、達成すべき課題を設定し、実習までに学びの土台となる準備を十分に重ねておくことが必要です。

【保育実習Ⅰ（保育所）の目標】
1　保育所、児童福祉施設等の役割や機能を具体的に理解する。
2　観察や子どもとの関わりを通して子どもへの理解を深める。
3　既習の教科目の内容を踏まえ、子どもの保育及び保護者への支援について総合的に理解する。
4　保育の計画・観察・記録及び自己評価等について具体的に理解する。
5　保育士の業務内容や職業倫理について具体的に理解する。

【保育実習Ⅱの目標】
1　保育所の役割や機能について、具体的な実践を通して理解を深める。
2　子どもの観察や関わりの視点を明確にすることを通して、保育の理解を深める。
3　既習の教科目や保育実習Ⅰの経験を踏まえ、子どもの保育及び保護者支援について総合的に理解する。
4　保育の計画・実践・観察・記録及び自己評価等について、実際に取り組み、理解を深める。
5　保育士の業務内容や職業倫理について、具体的な実践に結びつけて理解する。
6　実習における自己の課題を明確にする。

一般社団法人全国保育士養成協議会編（2018）より一部抜粋

実習課題を立てよう

実習Ⅰ・実習Ⅱの目標をもとに、実習を通して知りたいこと・学びたいことを整理し、実習課題を立ててみよう。

知りたいこと・学びたいこと

↓

実習課題

Part 2 保育のドングリを育てる──実習指導・事後指導

▶2　ある保育所での実習生の1日（2歳児クラス・5月）

実習がスタートしたら園生活の1日の流れを把握することが必要です。ある保育所で実習した実習生の1日を見てみましょう。

時間	園生活の流れ	実習生の動き	学びの視点・実習生の配慮事項
(7:40)	登園前 （早朝保育が行われている場合がある）	・出勤 ・挨拶／身支度 ・出勤簿への押印 ・日誌提出 ・環境整備	・時間に余裕を持って出勤する。 ・気持ちの良い挨拶、清潔感のある身なりを心がける。配属クラス担任へ挨拶をする。 ・提出物等遅れのないよう注意する。指導保育士からの助言等、学びに対する謙虚な姿勢を大切にする。
8:00	順次登園	・朝の受け入れ ・身支度の援助	・明るく温かな心持ちで保育の場に入る。 ・子ども／保護者等に挨拶をする。 ・発達に応じた援助を心がける。
	自発的な遊び	・子どもとの関わり ・保育士の補助	・子どもの遊びの様子を捉え、一緒に遊びを楽しむ。 ・子どもの言動の意味を捉え、受容的応答的に関わる。 ・個々と全体を捉える視点を持つ。
9:30	朝の集まり	・保育士の補助 ・排泄援助	・状況を捉え、臨機応変に積極的に動く。（環境設定等） ・発達に応じた援助を心がける。
10:00	戸外遊び	・子どもとの関わり ・保育士の補助	・安全面への配慮（目配り、気配り、心配り） ・子どもの遊びの様子、子ども同士の関わりや保育士との関わりの様子を捉える。 ・子どもの興味関心を大切に受容的応答的に関わる。 ・個々と全体を捉える視点を持つ。
10:50	片付け／給食準備 給食	・環境設定 ・保育士補助 ・給食配膳 ・昼食	・衛生面や安全面の配慮／食物アレルギーのある子どもへの対応（保育士や栄養士、看護師等との連携を見て学ぶ） ・食べる喜びや楽しさを味わえるような関わりを心がける。
12:35	お昼寝	・環境設定 ・保育士補助 ・休憩 ・保護者との話し合い	・お昼寝の準備 ・着替えや排泄の援助 ・社会人としてのマナーを心がけ休憩時間を過ごす。 ・本日の実習についての反省会（振り返り、質問、部分実習についての相談等、自ら積極的に）
14:30	目覚め	・環境設定 ・保育士補助	・布団等の片付け／着替えの援助 ・おやつの準備／環境設定
15:00	おやつ	・環境設定 ・おやつの配膳	・衛生面や安全面の配慮／食物アレルギーのある子どもへの対応 ・食べる喜びや楽しさを味わえるような関わりを心がける。
15:40	帰りの集まり	・保育士補助	・連絡帳や配布物の援助／子どもの身支度援助
16:00	戸外遊び 順次降園	・子どもとの関わり ・保育士補助	・安全面への配慮 ・子どもの遊びの様子、子ども同士の関わりや保育士との関わりの様子を捉える。 ・子どもの興味関心を大切に受容的応答的に関わる。
17:00		・退勤	・「本日のご指導ありがとうございました。お先に失礼いたします」など、感謝の気持ちを込め挨拶する。

学生の保育所実習日誌を参考に作成

予想されるトラブルと対応

「子どもたちの名前をなかなか覚えられません」

　名前だけを暗記しようとするのではなく、子どもたちとの関わりのなかで覚えてみてはいかがでしょう。「Aくん、電車を長くつなげたね」など、子どもたちと関わる際に、名前を呼んで言葉かけしてみると、名前を覚えるだけではなく、子どもとの関係をつくるきっかけになります。

「お箸の持ち方に自信がありません」

　実習生と言っても、子どもにとっては影響を与える存在であることを自覚しましょう。今からでも遅くはありません。練習しましょう。

「子どもが転んで怪我をしたときにはどうしたらよいでしょうか？」

　自分だけで判断せず、すぐに近くにいる保育士に知らせましょう。困ったときには「報告・連絡・相談（ほう・れん・そう）」を心がけ、実習に臨んでください。

step3 実習後の学び

学習期間　　年　　月～　　年　　月

▶1　保育実習を振り返る

　実習を実り多い豊かなものにしていくためには、実習後あらためて実習体験を振り返り、実習を通した学びや気付きを整理し、次の課題を明確にしていくことが必要です。子どもの理解、保育者の役割、保育実践の理解、さらには自分自身の実践についてなど、実習後、時間が経過したことで、あらためて気付くこと実感することがあると思います。このように実習後も実習での学びは続いています。様々な視点から実習を振り返り、学びを整理しましょう。振り返りの際、自分自身の経験を言語化することは、実習での学びを深化させていく際に有効な方法です。

 実習報告レポートを作成しよう

　実習での経験を総合的に振り返り、整理しましょう。

【報告内容】

①タイトル（タイトルと本文の内容とが対応するよう工夫する）

②実習内容（簡潔に）

Part 2 保育のドングリを育てる──実習指導・事後指導

③本文（実習課題とその達成状況について、様々な視点から具体的に記入する）

④今後の課題

【注意事項】
＊守秘義務の遵守、人権への配慮。
＊園名、個人名は明記しないでイニシャル化するなど配慮する。
＊第三者が読んでわかるような文章を心がける。

 保育記録の重要性

　実習後、蓄積された実習日誌を改めて読み返してみると、そのときの出来事が鮮やかに蘇ってきたり、実習初日から最終日までの自分自身の変化を捉えたりと、実習での学びを可視化することができると思います。保育の現場においても、保育実践の質の向上に向け、子どもの成長の姿を記録したり、保護者に保育の様子を伝えたり、保育者間で保育実践について反省評価するといった記録の取り組みがなされています。

【ドキュメンテーション】
　子どもの姿や保育の様子を言葉や音声、写真、動画、作品等で記録する方法。その資料をもとに保育を振り返り、次の実践を考えたりします。ボードや模造紙、パネル等で掲示する方法。保育者の振り返りだけではなく、保護者とのコミュニケーションツールとしても活用されています。

【ポートフォリオ】
　子どもの作品や写真、成長の記録を蓄積し保存していく記録の方法。子どもの育ちを捉えたり、保育実践の評価する際などに活用されています。

4 施設実習

 **実習までの学び**

学習期間　　年　　月〜　　年　　月

▶1　なぜ施設実習があるのか？

　みなさんの多くは保育所保育士や幼稚園教諭、保育教諭を目指し、様々な学びをしていると思います。保育士資格を取得するためには、国（厚生労働省）が定めたカリキュラムに沿って単位を取得していかなければなりません。その保育実習Ⅰ（施設）と保育実習Ⅲでは保育所以外の児童福祉施設等での実習が定められています。それはなぜでしょうか。保育士が活躍する場は保育所だけではないからです。ご存知の通り、保育所も児童福祉法に定められた児童福祉施設ですが、保育所以外の児童福祉施設、たとえば乳児院や児童養護施設などでも多くの保育士が活躍しています。

　施設実習を通して理解してほしいのは、①子どもの生活を支援すること、②多様な専門職が働く場であること、③児童福祉施設等への適切な理解、④地域に根付く施設のあり方などです。これまでの学びをもとに、児童福祉施設等の実際について理解を深めてほしいと思います。

 実習に行く施設の種別について調べよう

様々な資料や園ホームページ等を活用して、下の表を完成させてみてください。

①実習先施設名称	
②施設種別	
③どの法律の何条に規定されているか	
④規定している根拠法令の理念や主旨はどのようなものか	
⑤規模、設備、職員等の基準となる法令、通知	
⑥対象となる利用者（児）	
⑦職員の職種や役割	
⑧具体的な支援の内容	

相談援助実習研究会編（2013）

131

POINT 施設の区分と法令

保育所以外の保育実習の施設は、居住型児童福祉施設等および障害児通所施設等です。具体的に次の施設が対象となります。

● 児童福祉法における施設

	種別	主な機能
第12条	児童相談所（一時保護所）	児童相談所に付設し、保護が必要な子どもを一時的に保護。
第37条	乳児院	乳児等の入院・養育。退院後の相談や援助。
第38条	母子生活支援施設	配偶者のない女子等と監護すべき児童。入所させ、保護。自立促進のための生活を支援。退所後の相談、援助。
第41条	児童養護施設	保護者から養育を受けることのできない等環境上養護を要する児童の養護。退所後の相談、援助。
第42条	障害児入所施設（福祉型・医療型）	（福祉型）保護、日常生活の指導及び独立自活に必要な知識技能の付与。（医療型）保護、日常生活の指導、独立自活に必要な知識技能の付与及び治療。
第43条	児童発達支援センター（福祉型・医療型）	（福祉型）基本的動作の指導、独立自活に必要な知識技能の付与又は集団生活への適応のための訓練。（医療型）基本的動作の指導、独立自活に必要な知識技能の付与又は集団生活への適応のための訓練及び治療。
第43条の2	児童心理治療施設	様々な環境上の理由により社会生活への適応が困難となった児童を、短期間で、社会生活に適応のために必要な心理に関する治療及び生活指導。退所後の相談、援助。
第44条	児童自立支援施設	様々な理由で生活指導等を要する児童について個々状況に応じて指導。自立支援。退所後の相談、援助。

● 障害者の日常生活及び社会生活を総合的に支援するための法律における施設

	種別	主な機能
第5条	障害者支援施設	施設入所支援、障害福祉サービス。
	障害者福祉サービス	生活介護、自立訓練、就労移行支援、就労継続支援。

COLUMN 関わり上の留意点

ほとんどの学生が児童養護施設をはじめとした社会的養護の施設、場合によっては成人の障害者の施設に行く機会はこれまでなかったと思います。そのなかで、実習を終えた学生の多くは施設の子どもたちを「普通の子どもだった」と言います。

保育を学ぶ学生は、未就学児の発達や遊びや生活については学ぶ機会が多いのですが、学齢期以降のことになるとその機会はぐんと減ります。「知らない」ということが様々な憶測を生むのでしょう。施設の子どもたちはそれぞれの事情で親と共に生活ができない子どもたちです。その多くに虐待を受けてきた子どもたちもいる

ことは事実です。知識として虐待を受けた子ども、障害を持つ子どもについて学ぶことは必要なことです。しかし、実際に子どもたちとふれあうとき、「虐待を受けた○○ちゃん」「障害を持つ△△くん」ではなく、一人の子どもとしての「○○ちゃん」「△△くん」として子どもたちに接してください。この子はどんな遊びが好きか、何に興味を持つのか、得意なことは何か、実習生がそれを見つけ、それらをきっかけにして、たくさんコミュニケーションを取ってください。

しかし、それぞれに事情を抱えた子どもであることもまた事実です。関わるときに気を付け

なければならないこと（たとえば距離の取り方とか、声のかけ方とか、ふれてはいけない話題など）があればあらかじめ担当職員に確認しておくとよいでしょう。

子どもたちは実習生のことをよく見ています。

援助らしいことは何もできないかもしれませんが、子どもの手本となる大人として言葉使い、行動には細心の注意を心がけ、子どもたちから多くのことを学んでください。

step2 実習での学び

学習期間　　年　　月〜　　年　　月

▶1　ある施設での実習生の1日

　乳児院の日勤と児童養護施設での宿直勤務の一例を紹介します。乳児院は保育所と同様、乳幼児の生活のあらゆる場面に直接関わり、支援することが多くあります。一方、児童養護施設では、特に小学生以上になると自分のことは自分でできるようになり、実習生がすることは少なくなります。そこで、「見守る」場面が増えるわけですが、ただ見ているだけでなく、何かをしながら「見守る」のです。たとえば、洗濯物をたたみながら宿題を見るとか、食器を洗いながら子どもたちの話を聞くなどです。

　保育所での実習と比較すると何をするのか、何をすればいいのかがよくわからないと、これまでの実習生は話していました。一番は子どもと関わり、子どもたちを理解することです。

乳児院の1日		児童養護施設の1日（宿直）	
時間	実習内容と子どもの活動	時間	実習内容と子どもの活動
8：30	実習開始　子どもと遊ぶ 適宜おむつ交換、更衣、授乳	15：00	実習開始（宿直）　学校から帰宅 おやつ、宿題を見る
10：00	公園へ散歩に行く	16：30	外遊び（サッカーや鬼ごっこ）
11：30	昼食（担当の子どもにつく）	17：00	掃除（子どもと一緒に掃除する）
12：00	昼寝（そばで見守る）	17：30	夕食準備と夕食。片付け
14：30	遊び（午睡明けなので静かに遊ぶ） おやつ（担当の子どもにつく）	18：30	入浴の準備と着替え
15：00	入浴の手伝い（更衣を手伝う）	19：00	団欒（テレビを観る、ゲーム、翌日の準備の確認） 就寝・消灯（小学生）
16：00	振り返り	20：00	居室の確認
17：30	実習終了	21：00	反省会
		6：30	朝食、歯磨き
		7：00	登校（学校の近くまで見送る）
		7：40	片付け、掃除
		8：00	引継ぎ
		9：00	実習終了

Part 2 保育のドングリを育てる——実習指導・事後指導

実習に応じた実習課題を立てる

　施設実習では、配属された児童福祉施設等の区分ごとに実習内容が異なっています。また、同じ種別の施設であっても規模や特色とするものが大きく違います。そのため、それぞれの施設の機能や役割、実習施設の概要や現状などを事前に把握するとともに、どのような視点を持って日々取り組むか、実習を通じて何を学びたいか、を明確にしておきましょう。実習課題を持つことにより、実習が充実した学びとなります。下の表を用いて、課題を明確にしましょう。

①実習先の施設種別	
②施設の正式名称	
③施設の設置主体	
④規模・定員	
⑤利用者（児）の状況	
⑥職員と業務内容等	
⑦実習を通して学びたいこと（箇条書きでよい）	
⑧どのようにして学ぶか	
⑨実習課題 （実習期間を通して考え、実習後の振り返りの材料となる）	
⑩どのようなことが学びのポイントになるのか	

相談援助実習研究会編（2013）

予想されるトラブルと対応

　どのような実習先でも、どれだけ気を付けていてもトラブルが起きることはあります。それでも事前に準備しておくことで回避することもできます。さらに、実習生の明らかな不注意により、子どもたちが不利益を被ることは絶対に避けなければなりません。
　ここではどのようなトラブルが予想され、それらにはどのように対応するのか、紹介したいと思います。

【事例1】「うざい」と言われた（児童養護施設、高年齢児の場合）
　中高生が8人生活する寮に配属されたAさんは、初日からほとんどの子どもともうまくコミュニケーションがとれ、受け入れられていると感じました。しかし、一人だけ話しかけても返事もしてくれない子どもがいます。伝えたことはそれなりにやっているので聞こえてはいるようです。数日後、思い切ってその子どもに聞いてみました。「なぜ無視するの？」と。すると「うざいから」と返答されてしまいました。Aさんはあまりに驚くと同時に、子どもの前で泣いてしまいました。

【事例1対応】
①中高生に限らず、すべての子どもが積極的にコミュニケーションをとりたいわけではありません。
②最低限の関わり（挨拶や必要なことの伝達）は必要ですが、仲良くなるために実習するわけではありません。むしろ、なぜ関わりを持ちたくないのかを考えましょう。
③子どもと話ができない状況を改善したいなら、なぜなのか考えるとともに、職員に相談をする必要があります。

④子どもたちはためし行動をすることもあります。年齢が大きくなる分、実習生にとっては難しい対応になることもあるでしょう。でも、すべての行動に子どもたちなりの意味があります。ですから、どんなにつらくても子どもの前で泣くことは厳禁です。

⑤あらかじめ子どもについての詳細を教えていただける場合とそうでない場合があります。それぞれに意図がありますので、先入観や偏見を持たずに子どもに接してください。

【事例2】個別担当制だから見ていて（乳児院の場合）

Bさんは将来乳児院で働きたいと思い、実習を希望しました。事前に乳児サークルでボランティアをしたり、自分で勉強したりと子どもたちと関わることを楽しみに実習に臨みました。事前オリエンテーションでは施設概要を説明してもらっていました。実習初日、積極的におむつ交換や着脱に関わろうとしたら「個別担当制だから手を出さないで」と言われました。個別担当制のことは理解していたつもりですし、施設は交代勤務なので必ず担当がしなくてはならないわけではないのではないか、と疑問を持ったものの、聞くこともできず、何をしたらいいのかわからないまま実習を終えてしまいました。

【事例2対応】

①乳児院の多くは個別担当制をとっています。その意図について事前に理解をすることが必要です。
②そのうえで、個別担当制の実際を学び、実習生がどこまで関わることができるか確認をします。
③このことは乳児院に限らず、すべての子どもたちに言えることです。子ども一人一人について関わる際の留意点は事前に確認しておくことが重要です。
④直接的に子どもと関わることだけが支援ではありません。環境構成も重要な職務です。

【事例3】担当職員によって指示が違う（障害児入所施設の場合）

Cさんは障害児の入所施設に実習に来ました。配属されたのは生活の場面での介助を必要とする子どもが多い寮でした。実習中盤になって、食事の介助を任されるようになりました。Kちゃんは自分でスプーンは持つものの、食事を自ら口に運ぶことはほとんどありません。また、咀嚼、嚥下しやすいように細かく刻んで提供されています。介助にあたった初日、担当職員はトレーにのっていたおかずをすべてご飯にのせ、混ぜて食べさせていました。Cさんは疑問に思いましたが、そうするように言われたのでそのまま食べさせました。翌日、担当の職員は違いましたが、同じようにしようとすると「なぜそんな風に食べさせるの？　自分だったら嫌ではない？」と言われてしまいました。

【事例3対応】

このトラブルは上述の2つとは少し性質が異なります。そもそも食事介助に入った日の担当職員の対応が適切ではないように感じます。しかし、どのような支援にも必ず意図やねらいがありますから、疑問を感じたら質問をしてください。聞きにくければ実習受け入れ担当の職員に聞くといいでしょう。

担当が違うと方法が異なることもあります。子ども本人のためにもその都度確認することが大切です。

step3　実習後の学び

学習期間　　年　　月　〜　　年　　月

ここでは、保育所実習、施設実習を終えて、それぞれの保育士の機能や役割について振り返りとともに考察します。この章の冒頭に述べた保育実習で施設に行く理由への理解も深まることでしょう。

Part 2 保育のドングリを育てる──実習指導・事後指導

 保育所保育士と施設保育士

実習中の生活支援の場面を思い起こしてください。それぞれどのような関わりをしていて、どのような配慮をしていたか表に記入しましょう。（ほかの場面も書いてみましょう）

生活の場面	保育所	施設
食事の場面		
遊びの場面		

☆次の点についてまとめてみましょう。
・生活場面の比較からの気付き
・保育所保育士と施設保育士の職務から気付いたこと

　保育所保育士と施設保育士の比較をすることは大きな意味を持ちません。保育所と施設はそれぞれ異なる機能を有するからです。しかし、保育士という専門性を有して子どもの育ちに関わる点においては共通項があります。それは、子どもの最善の利益を追求することです。そのことは、児童福祉法にも、全国保育士会倫理綱領にも、児童養護施設及び乳児院の倫理綱領にも明記されています。子どもの育ちを支えるという大前提のもと、それぞれの施設で求められる保育士の専門性を考慮して、子どもたちの支援にあたることが大切です。

 施設保育士として生きる

　施設保育士といっても施設の種別によって求められる専門性は様々です。専門性というと難しく感じますが、つまりはそこで生活する子どもたちに適切な関わりをするためには、どのような知識・技術が必要か考え、身に付け、向上させていくということです。

　児童養護施設での生活は、その規模や共に暮らす人の違いはあれ、家庭での生活です。ある施設職員は、施設の仕事は「お母さんが仕事しながら家事をしているのと同じ」と表現しています。言いえて妙だと感じます。

　施設職員は親代わりというイメージがあると思いますが、それはつまり子どもの育ちに関わることは何でもするということです。日常生活のお世話から幼稚園、学校への行事参加、地域への行事参加、さらに、家族の再構築に向けた家族支援、そしてアフターケアと。子どものためを考えての支援もいつも思った通りの結果になるとは限らないでしょう。ときには裏切られたと感じることも、自分の無力さを感じることもあるでしょう。そして何より、実親がどんな親であってもその親の存在以上にはなれない、つまり親にはなれません。しかし同時にそのことを肝に銘じて子どもと共に生きていく仕事だと思います。みなさんの存在が、関わりがその先の未来につながることを希望に、社会的養護を必要とする子どもたちを支えてほしいと思います。

5

幼稚園実習

　本章では「幼稚園実習ならでは」の部分について取り上げます。幼稚園と保育所の違いはこれまで多く見られましたが、「こども園」が加わり、「保育所保育指針」の改訂によって「保育所」も幼児教育施設となり、その違いは小さくなりつつあります。とは言え、園による保育内容の違いの大きさは、今でも幼稚園の特徴の1つと言えるでしょう。みなさんが実習に行く幼稚園の実態はどうでしょうか。

　ここではまず、幼稚園教育や各園の保育内容に違いがある理由、幼稚園に特徴的な事柄についての理解を目指します。長年の間「学校教育の始まり」を担ってきた幼稚園における実習が実り多きものとなるよう学んでいきましょう。

step 1 実習までの学び

学習期間　　年　　月〜　　年　　月

▶1　幼稚園教育を理解する

　幼稚園は、小学校と同じように「学校教育法」に定められた「学校」です。文部科学省が管轄しており、第22条では「幼児を保育し、幼児の健やかな成長のために適当な環境を与えて、その心身の発達を助長すること」が目的と定められています。また、同法施行規則第38条では、教育課程その他の保育内容の基準は「幼稚園教育要領」によるとされています。そのため、教育課程の編成や指導案作成は図のような流れで行われます。

　保育にあたるのは「幼稚園教諭普通免許状

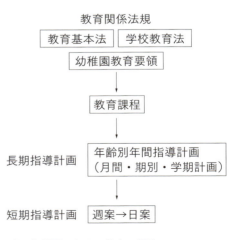

図　幼稚園における教育の構造

(専修、一種、二種)」を持つ「幼稚園教諭」と定められていますので、幼稚園またはこども園の保育教諭として勤務する場合は、「幼稚園実習」に行き、教員免許状を取得する必要があります。そのため、園によっては日誌や指導案に「教師」と書く場合があります。「保育士」とは書かないよう注意しましょう。

▶2　各幼稚園の特徴を理解する

　1日の教育時間は4時間を標準としていますが、「預かり保育」などの名称で時間外の保育を行う園が増えてきています。そのため、以前は就労していない保護者が送迎するのが一般的でしたが、近年は保護者の就労形態も多様化しています。また、幼稚園は満3歳から入園資格がありますが、近年は3歳の誕生日から入園できる園、子育て支援としての2歳児クラスの保育を積極的に行っている園もありますので、それぞれの実習園の実態を理解しておくとよいでしょう。

　さらに通園の形態も多様で、徒歩通園を原則とし、ほぼ毎日保育者と保護者が顔を合わせる園もあれば、ほとんどが園バス利用で、そうした機会が少ない園もあります。園バスがある幼稚園では、登降園時の対応が複雑ですので注意しましょう。

　昼食がお弁当である園も多く、その場合は実習生も子どもたちと一緒に食べることを想定したお弁当を持参する必要があります。

　また、幼稚園の6割以上が私立幼稚園であるため、実習園が私立である可能性が高いことも理解しておきましょう。私立園では、「私立学校の特性にかんがみ、その自主性を重んじ、公共性を高めることによって、私立学校の健全な発達を図る」ことを目的とした「私立学校法」に則った教育が行われます。そのため、それぞれの建学の精神に基づいた様々な教育が行われています。実習生として多くの学びが得られることに違いはありませんので、園の教育方針や文化の理解に努め、子どもたちが日々過ごしている園生活を共有することを心がけることが大切です。

 実習園について調べよう

　幼稚園がどのような教育方針を持ち、どのような生活の流れになっているかを園のホームページから調べてみましょう。特に実習期間にどのような行事があるかは、責任実習の計画の参考になりますので、把握しておくとよいでしょう。

教育要領と園の実態 ── なぜいろいろな園があるの？

　幼稚園の保育内容については、学校教育法施行規則第38条で「教育課程その他の保育内容の基準として文部科学大臣が別に公示する幼稚園教育要領によるものとする」と規定されています。その「幼稚園教育要領」には○環境を通して行う教育、○幼児期にふさわしい生活、○遊びを通した総合的指導、○幼児一人一人の特性に応じた指導を基本とするとあり、これに基づいて全国1万877園（国立49、公立3952、私立6876）の国公私立幼稚園の教育活動が進められています（文部科学省『学校基本調査報告書』2017）。その基本を重視しながらも、私立幼稚園の場合は「私立学校法」という法律があり、その自主性が尊重されており、建学の精神に基づいた教育が展開されています。たとえば仏教、キリスト教等、宗教の教えを基本として1日の生活や行事が進められている園。シュタイナー、モンテッソーリなど教育者の提唱した教育理念に則った教育を行っている園。また自然とのふれあいを重視し、エコ教育を行っている園。漢字の学習、英語教育、百人一首の指導、鼓笛隊指導、合唱指導、水泳指導など様々な特色ある内容を教育の中心に据えている園もあります。教育内容だけでなく、1日中森のなかで自由に過ごす生活の園や小学校の授業形態と同じような生活の園、異年齢児の縦割りクラスでの生活の園など、教育方法も様々です。このように「幼稚園教育要領」の内容を重視しながらも各園が独自の理念、方針、内容、方法を掲げて保育実践が進められているのです。

実習での学び

学習期間　　年　　月～　　年　　月

▶ 1　幼稚園実習の目的

幼稚園実習を行う目的を再確認しましょう。
（1）幼稚園の現場を体験し、幼稚園における幼児教育について学ぶ。
（2）幼稚園教諭としての適性を確かめ、幼稚園教諭免許を取得する。
　幼稚園教諭免許は、幼稚園や保育教諭としてこども園で勤務するために必須の免許です。保育者となるために必要な学びがある実習であることを念頭を置き、幼稚園に勤務するかどうかではなく、謙虚な気持ちで誠実に学ぼうとすることが大切です。実習中は幼稚園教諭になる自分をイメージし、学級担任制であり、子どもの降園後の環境構成や打合せの時間が保証されている幼稚園教諭の仕事の魅力を知る機会としましょう。

▶ 2　ある幼稚園での実習生の1日

　実習園の生活の流れを理解する手がかりとするために、ある幼稚園の1日の流れと、それぞれの場面で実習生が確認し記録しておくべきポイントや留意点を見ていきましょう。

Part 2 保育のドングリを育てる——実習指導・事後指導

時間	生活の流れ	実習生が確認すべき点や配慮事項（□はチェックに使いましょう）
	登園前	□実習生の出勤時刻や出勤簿・ロッカー等の確認　□気持ちのよい挨拶、身なりの確認　□始業前の業務の確認（遊具の安全確認、環境構成の補助等）
9：00	登園	□園バスがある場合は、全員が集まるまでの間、どのように過ごしているか □毎日繰り返す活動や用具等の名称　□生活習慣の自立状況と担任の関与
	自発的な遊び	□子どもの活動範囲、物品の扱いや安全面でのルール　□担任の関わり方 □子どもの遊びの好み　□友達や保育者との関係
10：40	片付け	□指示の出し方、時間、個人差、片付ける場所、□幼児に任せる事柄
11：00	課題のある活動	□学級全体の活動の開始時間の目安、継続時間 □活動内容や経験、難易度　□話の理解度や興味関心の傾向の個人差
12：00	昼食	□弁当か給食か選択制か、曜日による違いの有無 □手順や配慮事項　□毎日繰り返す活動の把握
12：45	自発的な遊び	□子どもの活動範囲、物品の扱いや安全面でのルール　□担任の関わり方 □子どもの遊びの好み　□友達や保育者との関係
13：30	片付け	□指示の出し方、時間、個人差、片付ける場所　□幼児に任せる事柄
13：45	当番活動	□活動内容、ルール　□担任の関わり方
13：55	帰りの会	□毎日繰り返す活動や用具等の名称　□担任の関わり方
14：00	降園	□園バスがある場合、乗るバスの区別を何で行っているか、全員が帰るまでの間、どこでどのように過ごしているか　□天候による降園方法の違い
	降園後	□降園後の業務の確認（清掃、環境構成の補助等） □実習生の退勤時刻や提出物と期限等の確認　□１日の感謝の挨拶

　配慮すべき点については観察だけではわからないので、先生方に質問や相談をすることが大切です。

 実習課題を立てよう

　実習課題は、前の実習を踏まえ、より専門性の高い課題を設定するとよいでしょう。ただし、園によっては設定した課題に取り組むのが難しい場合があるため、学びたいことからいくつかの課題を考え、園での観察を経て確定する、途中で変更するなどしてもよいでしょう。

〈参考〉

知る段階
見学・観察実習時の課題
実習態度、園についての理解、
生活の流れの把握、
保育者の役割
遊びの姿や発達の姿の理解

関わる段階
参加・部分実習時の課題
園環境と子どもの動線、
立ち位置個と集団に対する援助、
言葉がけ発達や個人差に応じる
教材や援助

実践する段階
責任実習時の課題
活動の計画、環境構成、教材準備
主体性や意欲を引き出す援助
子ども理解に基づく適切な援助

学びたいこと	学べる場面	具体的な実習課題

▶3　幼稚園での責任実習

　幼稚園での責任実習は、一斉指導が求められ、教材研究や指導案作成に多くの時間を要する傾向があります。日ごろの保育の理解に努め、何が大切なのかを考えて準備をしましょう。

　予想されるトラブルと対応

　責任実習を行う際には、様々なトラブルが予想されます。
- 一斉場面で子どもたちが集中しない。
→大きな声を出しても言葉は届きません。焦らず、一呼吸してから小さな声で語りかけてみましょう。
- 学級担任とのコミュニケーションがうまくできない。
→実習生から声をかけ、いつ話せるかを訪ねましょう。実習生は未熟で当然です。隠し事をせず、素直な気持ちで伝えれば必ず応援してくれます。
- 子どもたちが「できない」「わからない」の大合唱になってしまった。
→保育のねらいは子どもの育ちです。失敗と焦らずに、困ったときは、子どもたちに問いかけたり教え合いを促してみたりしてはどうでしょう。〈3匹のカエル〉参照。

> **3匹のカエル**
> ①カンガエル　そこでじっくり考える
> ②フリカエル　どこを直したらよいか振り返る
> ③マチガエル　間違っても失敗してもいい
>
> 参考：日本教育新聞「心に響く校長講話」
> 平成29年7月17日　西山俊彦（相模原市立上溝南小学校校長）

　子どもとの関係性が大切 ── 責任実習も心のつながりから

　まずは笑顔いっぱいで子どもに接しましょう。明るく元気な声かけは、子どもに安心感を与えます。また、なるべく早く呼名ができるよう心がけ、子ども達との距離を縮めておきましょう。名前を呼ばれるのは嬉しいものです。

　できるだけ、子どものそばに寄り添い、遊びに参加するなどして、親近感を深めましょう。特にリレーや鬼ごっこなど開放的な遊びは親しみを増します。安全面への配慮をしながら、学級全体の子どもと平等に接し、日々子ども理解を深めることが大切です。また、絵本やペープサート、パネルシアター、手遊びなどは、子どもの心を引き寄せます。得意のアイテムを準備し、活動の合間や帰りの会などでチャンスがあったら積極的に行い、子どもの心に語りかけましょう。

　嬉しいときには一緒に喜び、悲しいときにはそっと静かに寄り添うなど、温かな心持ちで見守ることも大切です。それぞれの個性を認め、個々の成長や遊びの傾向、興味関心を把握することが、良い関係性を築くことになり、よりよい責任実習につながると言えるでしょう。

　このように、養成校での学びが子どもたちとの出会いによって磨かれ、その笑顔や育ちにつながり、保育の仕事のやりがいを体験できるのが、責任実習とも言えるでしょう。倉橋惣三の「自分を中心としたわがままでいっぱいのときは子どもの心が受け入れられない」という言葉にも表されているように、自分がうまくやることばかりを考えていては、せっかく準備した責任実習が子どもの喜びにはなりません。それぞれにとって豊かな時間となるよう、自分なりに工夫し、失敗を怖れず挑戦してみましょう。

Part 2 保育のドングリを育てる──実習指導・事後指導

step 3　実習後の学び

学習期間　　年　　月〜　　年　　月

▶ 1　幼稚園実習を振り返る

　幼稚園実習を終えて、どんな思いが心に残りましたか？　子どもたちとの心のつながり、離れる寂しさ、子どもたちのすばらしさや保育者となるにあたっての課題の発見、保育者への敬意など、様々だと思います。ここでは、得られた学びと課題の再確認を行い、これからにつなげるまとめの学習を行います。

 実習自己評価シートに取り組もう

実習自己評価シート①　　　　　　　　　　　　　　　（シート部分をコピーして使いましょう）
記入方法は「項目別に箇条書き」でも「項目を選び文章」でもよい。コメントは授業内に記入します。

	項目	学んだこと・エピソード	コメント
子どもたち	一人一人の違い		
	遊びや活動の姿		
	人と関わる姿		
先生方	環境構成の工夫		
	教育的援助の工夫		
	幼稚園教諭の仕事		
自分	子どもとの関わり		
	教職員との関わり		
	実践力・柔軟性		
その他	自己管理・態度		
	実習課題		

記入者氏名　　　　　　　　　／実習期間　　年　　月　　日〜　　月　　日／実習園名

5 幼稚園実習

　授業ではこの用紙をグループ内で共有し、1枠ずつコメントを記入して、次の人に渡していきましょう。ルールは互いに励まされる言葉を選ぶことです。

　次にコメントを読み合い、グループでテーマを決めて語り合いましょう。

1) 子どもたちと過ごした感想、心に残った出来事、子どもたちから学んだこと
2) 先生方から学んだこと、素敵だなと思った場面、自分に取り入れたいこと
3) 自分の実習中の言動でよかったことと反省すべき点、保育者としての課題

実習自己評価シート②

p. 25で計画した学びは達成できましたか？　これからさらに学んでみたいこと、向上したいことは、どんなことですか。そのためにやってみたいことを書き出してみましょう。

学びの要素	これからさらに学んでみたいこと・そのためにやりたいこと
生活習慣・健康管理	
気持ちのいいコミュニケーション	
多様な生活体験	
豊かな自然体験	
ふれあい体験	
絵本の世界	
伴奏や歌唱力	
児童文化・遊び・ものづくり	
子どもの発達の理解	
子どもの多様性の受容	
言語表現力	
身体表現力	
日誌を書く国語力	
振り返る力・改善する力	
とっさの判断力・柔軟な対応力	
人間性・保育観	
保育方法・海外の保育	
保育内容の5領域	
環境の構成・保育環境	
子育て支援・地域との連携	
幼小接続・10の姿	
幼児教育の歴史・思想	

Part 2 保育のドングリを育てる——実習指導・事後指導

▶2 幼稚園実習での学びを活かす

　幼稚園実習での学びは、今後にどう活かしたらよいのでしょう。保育士を目指す場合であっても3歳以上の子どもの幼児教育は共通です。平成29年告示の「幼稚園教育要領」の前文には、「小学校以降の教育や生涯にわたる学習とのつながりを見通しながら」と書かれています。幼稚園では、「幼児期にふさわしい生活を通して、創造的な思考や主体的な生活態度などの基礎」を培い、「育まれた資質・能力を踏まえ、小学校教育が円滑に行われるよう」接続を図っています。そうした視点からも実習を振り返ってみましょう。

幼稚園教育とアプローチカリキュラム

　幼稚園と小学校のなめらかな移行については、様々な研究成果や実践が紹介されています。お茶の水女子大学附属幼稚園では、「接続期」を3期に分け、「前期（5歳児10月〜3月）」では、「一人一人の活動の充実」が「仲間で一緒に行う体験を通しての学び」につながり、「その積み重ねが一人一人の学びに活きてくる」と考えてカリキュラムを作成しています（お茶の水女子大学附属幼稚園・小学校、2006）。

　また、〈身体感覚・情動・認知〉を「学びを構成する要素」とし、共通のモデルを示して9年間で育てたい資質・能力を検討しています。

前期 （5歳児10月〜3月）	関わりを広め、深める。小学校生活に向け、体験の共通化をはかる。
中期 （1年入学〜ゴールデンウィーク）	幼稚園から小学校生活へ安心して移行し、自分を表現できるようにする。
後期 （ゴールデンウィーク明け〜7月）	知への興味を耕し、自分で考え学んでいこうとする姿勢を伸ばす。

　また、地方自治体単位でも、小学校への接続を意識したカリキュラムの作成と実践を推進しています。たとえば、横浜市は、「幼児期の終わりまでに育ってほしい10の姿」を「育てたい子どもの姿」とし、年長10月からの「アプローチカリキュラム」の活動の柱として「①学びの芽生えを大切にした活動の充実　②協同的な体験の充実　③自立心を高め、新しい生活をつくり、安心して就学を迎えられる活動の充実」の3つを位置づけました（横浜市こども青少年局子育て支援課幼保小連携担当、2012）。ほかにも多様な資料が発刊されていますが、いずれも、資質・能力の基盤の育成に着目し、知識や技能を一方的に教え込むのが接続期の教育ではないという点が共通しています。幼稚園実習において幼稚園の特色としての早期教育や文字や数に関する教育に触れた場合は、接続期の教育について改めて考える機会としましょう。

6

実習から保育者へ

 **実習を振り返る**

学習期間　　年　　月～　　年　　月

▶ 1　実習を語り合い整理する

　熟達した保育者は同僚と「保育を語る」ことをして、保育者としてさらに成長していきます。「保育を語る」ことや「子どもを語る」ことができるということは、それだけ保育の細かい部分を観たり、子どもの心の動きを感じたりするということであり、そうでなければ、保育や子どもについて深く語ることはできません。また、保育者は、教育学者のドナルド・ショーンが言う「反省的実践家」です。自分の保育実践を振り返り（リフレクション）することによって、自分の保育実践について、改善するために、新たな子どもとの関わりや環境構成、教材研究などを深く考え、次の自分の保育実践へとつなげていきます。このことが保育者としての成長へとつながっていきます。

　実習生は、すでに保育者養成の学校に入学したときから、保育者への道を歩み続けています。実習生が実習で子どもと関わったり、実習で保育実践に取り組むことを「やりっぱなし」にしておくと実習生は保育者としての成長が見込めません。実習生として成長するためには、①実習を語り合える実習生になること、②実習での体験を振り返り、次にチャンスがあったとしたらどうしたいのかをきちんと考えること、実習後に整理することが成長の近道となります。

 グループワーク：多様な現場を表に整理しよう

　実習が終わり学校に戻ってくると、自分がお世話になっていた実習先と友達の実習先とでは、些細な会話だけでも違うことに気付くでしょう。ここでは、3人くらいのグループになり、仲間がどのような現場に実習へ行ったのかを次のワークで整理してみましょう。

Part 2 保育のドングリを育てる──実習指導・事後指導

園名 勤務時間	園 (　　　　　)	園 (　　　　　)	園 (　　　　　)
園の環境構成や雰囲気はどうだった？			
どのような保育の考え方だった？（保育観）			
子どもへの考え方はどうだった？（子ども観）			
子どもの育ちについての考え方はどうだった？（発達観）			
尊敬できる先生とのエピソードを教えてください。（すごいと思ったこと）			

▶2　実習での学びを磨く

　実習で学んだことは、大切に自分の心の中にしまっておきたいものです。しかし、そのまましまっておくことよりも、より言語化することによってみなさんが素敵な保育者に向かって取り組む糧になると思います。そこで、次のワークに取り組んでみましょう。

　「実習での宝物」をイラストか詩で表現しよう

　あなたが、実習を経験して、どのような宝物ができましたか？　宝物と言っても、たとえば、あなたが実習で思い出に残った場面や指導の先生から伝えられた大切な言葉など、大切にしておきたいことがあると思います。そういった、あなたにとっての「実習での宝物」をイラストか詩で表現をしてみましょう。

〈準備物〉A4程度の用紙、筆記用具、実習日誌、実習時に使用した資料等
〈やり方〉4～5人程度のグループになります。
①1人で実習日誌や実習時に使用した資料等を読み返しながら、実習を思い返します。
②A4程度の用紙にイラストでも詩でもかまいません。自分が表現しやすい手法を用いて、思い思いの表現をします。
③グループの中で、表現した「実習の宝物」に関連したエピソードを語りながら、発表をします。
④「実習の宝物」で表現したものは、あなたにとって大切な宝物ですから、実習日誌に挟み込んでおきましょう。
★「実習の宝物」を詩で表現した例を見てみよう

> 反省会に臨み
> 緊張して先生方の助言聞く
> 出席する先生方の満面の笑みが溢れ
> 安心した空気に包まれる
> 温かい雰囲気を醸し出す保育者を目指したい

　他の学生の実習から学ぶ
　　　　　　——これから求められる実習指導のあり方

　みなさんが一人一人、実習を通して、多くの体験から様々なことを学んできたなかで、自分以外の学生一人一人が、それぞれ異なる体験をし、そこから学んでいることも実に多様です。
　このようなみなさんとその友達が実習を終えて、学校の教室に一堂に会したときに、その仲間たちは多くの実習で得たものをたくさん持ち込んできています。つまり、実習を終えたみなさんは、多くの体験やその体験から学んだことを一人一人がたくさん持っています。

心理学者ヴィゴツキー（Vygotsky, L. S.）は現在の発達水準と発達の最近接領域を区別しなければならないことを主張しました。そして、一人の力では解決できなくても、ヒントを示すことで解決が可能であるような発達水準を発達の最近接領域と名付けました。発達の最近接領域はその人の現在の発達水準よりも少し上の水準に位置しているため、実習が終わってみなさんが一人一人持っている経験や知識をもとに対話（ダイアローグ）することは、この発達の最近接領域に適切に働きかけを行うプロセスとなり、一人で問題解決できないことでも、難しい問題を考え解決に導くことができるようになるのです。

　たとえば、実習後の振り返りの授業において、保育実践のある問題について、学生が意見を述べ合ったり、相互に質問をしたりできる機会が得られれば、ある学生の意見は、別の学生にとって問題解決に向けたヒントになります。つまり、ヴィゴツキーの発達の最近接領域の考え方に基づくと、学生同士のそれぞれの発達の最近接領域を刺激し合う構図になり、授業内の対話（ダイアローグ）や共同作業のインタラクティブな関係性は学生達の認識の発達をより深いレベルまで促すために、実習後の対話（ダイアローグ）はより保育実践や実習で学んだことへの理解に学習効果があると言われています。

　対話（ダイアローグ）とは、議論（ディスカッション）や雑談とは異なり、お互いの立場を理解し、お互いの意見をきちんと伝え合いながら、相互理解を深めていく行為です。みなさんは、お互いが実習を体験しているため、相互で理解しやすい状況にあります。他の学生の実習体験を理解し、なおかつ、自分の体験を伝え合いながら、理解を深めることで自分の行動や意識に変化が生まれ、このような創造的なコミュニケーションを通して、新たな気付きへとつながっていきます。

　対話（ダイアローグ）は自由な雰囲気のもとで、お互いの話をしたり、聞いたりするなかで、必ずしも結論を出すことをしなくともよいのです。他の学生の実習を対話（ダイアローグ）を通して学ぶことが、これからの実習指導の授業で求められる教育と言えるでしょう。

step 2　実習での学びを深める

学習期間　　年　　月〜　　年　　月

▶ 1　保育者の倫理について考える

1　保育者の倫理

　2003（平成15）年2月26日、保育所に働く保育士を中心とする組織である全国保育士会が倫理綱領を採択し、16年が経ちました。倫理綱領の採択は、保育士資格法定化を目前にして、保育所並びに保育士たちが行った子どもの保育・子育て支援の専門職としての決意表明であると言えます。

　「全国保育士会倫理綱領」は前文と8カ条からなり、子どもの最善の利益や発達保障をその根幹に据えつつ、保護者に対する子育て支援を大切な責務としています。ここでは、保育者、特に保育士を中心として、その倫理について考えてみます。

2　保育士資格法定化の概要と意義

　保育士資格は、2003（平成15）年11月29日から、名称独占資格として児童福祉法に規定

> ## 全国保育士会倫理綱領
>
> 　すべての子どもは、豊かな愛情のなかで心身ともに健やかに育てられ、自ら伸びていく無限の可能性を持っています。
> 　私たちは、子どもが現在（いま）を幸せに生活し、未来（あす）を生きる力を育てる保育の仕事に誇りと責任をもって、自らの人間性と専門性の向上に努め、一人ひとりの子どもを心から尊重し、次のことを行います。
>
> 　　　私たちは、子どもの育ちを支えます。
> 　　　私たちは、保護者の子育てを支えます。
> 　　　私たちは、子どもと子育てにやさしい社会をつくります。
>
> **（子どもの最善の利益の尊重）**
> １．私たちは、一人ひとりの子どもの最善の利益を第一に考え、保育を通してその福祉を積極的に増進するよう努めます。
> **（子どもの発達保障）**
> ２．私たちは、養護と教育が一体となった保育を通して、一人ひとりの子どもが心身ともに健康、安全で情緒の安定した生活ができる環境を用意し、生きる喜びと力を育むことを基本として、その健やかな育ちを支えます。
> **（保護者との協力）**
> ３．私たちは、子どもと保護者のおかれた状況や意向を受けとめ、保護者とより良い協力関係を築きながら、子どもの育ちや子育てを支えます。
> **（プライバシーの保護）**
> ４．私たちは、一人ひとりのプライバシーを保護するため、保育を通して知り得た個人の情報や秘密を守ります。
> **（チームワークと自己評価）**
> ５．私たちは、職場におけるチームワークや、関係する他の専門機関との連携を大切にします。
> 　また、自らの行う保育について、常に子どもの視点に立って自己評価を行い、保育の質の向上を図ります。
> **（利用者の代弁）**
> ６．私たちは、日々の保育や子育て支援の活動を通して子どものニーズを受けとめ、子どもの立場に立ってそれを代弁します。
> 　また、子育てをしているすべての保護者のニーズを受けとめ、それを代弁していくことも重要な役割と考え、行動します。
> **（地域の子育て支援）**
> ７．私たちは、地域の人々や関係機関とともに子育てを支援し、そのネットワークにより、地域で子どもを育てる環境づくりに努めます。
> **（専門職としての責務）**
> ８．私たちは、研修や自己研鑽を通して、常に自らの人間性と専門性の向上に努め、専門職としての責務を果たします。
>
> 　　　　　　　　　　　　　　社会福祉法人 全国社会福祉協議会／全国保育協議会／全国保育士会

される資格となりました。保育士の業務（児童福祉法第18条の4）として、「児童の保育」と「児童の保護者に対する保育に関する指導」（保育指導[1]）の2つが規定されています。

　法定化により、保育士の権利と義務が生じます。権利としては、保育士の登録をした人しか保育士と名乗ってはならないという名称独占（同法第18条の23）があげられます。名称独占とは、サービスの利用者を保護する観点から、ある一定の技能を有している者を国家が証明し、その証明を受けた者のみに特定の名称の使用を認めることを言います。すなわち、保育という行為は誰が行ってもよいが、プロの保育と素人の保育とは質が異なり、それを利用者や第三者が見分けられるようにすることが名称独占の意義であると言えるでしょう。

　これに伴ない、法定化された義務は大きく2つあります。その第1が、知り得た個人の秘密

1　2008（平成20）年版保育所保育指針の解説書は、保育指導業務について、「子どもの保育の専門性を有する保育士が、保育に関する専門的知識・技術を背景としながら、保護者が支援を求めている子育ての問題や課題に対して、保護者の気持ちを受けとめつつ、安定した親子関係や養育力の向上をめざして行う子どもの養育（保育）に関する相談、助言、行動見本の提示その他の援助業務の総体をいう」と定義しています。

を守るという守秘義務（同法第18条の22）であり、第2が信用失墜行為の禁止（法第18条の21）です。守秘義務違反には罰則が適用され、また、登録の取り消しや保育士の名称使用の制限などの行政処分も行われます。

信用失墜行為の禁止とは「保育士は、保育士の信用を傷つけるような行為をしてはならない」というものであり、具体的には、犯罪行為や守秘義務違反、体罰行為などがあげられます。この違反に該当すると判断されると、保育士としての登録が取り消されたり、一定期間、保育士の名称を使用することができなくなる処分が知事により下されます。専門職として社会から認知されるということは、社会的に重い責任が課せられることでもあるという自覚が必要です。

❸　対人援助専門職と倫理綱領

対人援助の専門職は、その行為が利用者の人権や人としての尊厳、生命並びに発達などに大きな影響を与えるため、専門職としての倫理を守ることは絶対的に必要と言えます。このため、ほとんどの対人援助専門職が専門職団体をつくり、また、法定化された倫理以外の事項も含めた独自の倫理綱領や、それを実践レベルに落とし込んだ行動規範を定めています。

こうした倫理綱領、行動規範は、それぞれの専門職が最も大切にしている価値を実現するための具体的行動指標・規範であると言えます。それは、それぞれの専門職における価値と規範の共通理解を図るものであると同時に、利用者や連携する他の専門職種、一般市民などに対する役割の提示や宣言という意味も持っています。

❹　「全国保育士会倫理綱領」の内容

「全国保育士会倫理綱領」は、前文と8カ条からなっています。まず、前文では、すべての子どもの受動的権利と能動的権利を認め、子どもが自ら育つ力を支え、保護者の子育てを支え、さらに、子どもの育ち、子育てを支援する専門職として、そこから見えてくることを社会に対して発信し、子どもと子育てに優しい社会を創りあげることを高らかにうたいあげています。そして、続く8カ条において、保育士の社会的使命と責務を簡潔に提示しているのです。

まず、条文1は、保育士が最も依拠すべき行動原理は「子どもの最善の利益の尊重」であることを表現しています。条文2から4は、対人援助の専門職である保育士の「利用者に対する倫理」を表現しています。条文2は子どもと関わる際の原理であり、それは「子どもの発達保障」であることを示しています。条文3は保護者と関わる際の原理であり、それは「協力関係」、すなわち保護者とのパートナーシップであることが示されます。そして条文4は、その両者を支援する際の根源的倫理として、プライバシーの尊重、すなわち、保育を通して知り得た個人の秘密の守秘と個人情報の適切な取扱いを提示しているのです。

続いて条文5は、所属機関（この場合は保育所、幼保連携型認定こども園）における業務改善のための努力を表現しています。それは、職場内のチームワークと外部とのネットワークを

図る姿勢、自己点検・自己評価に基づいて業務の改善に努力する姿勢として示されています。

条文6と7は、社会との関係に関する倫理を表現しています。条文6は、保育を通して理解された子どもと保護者のニーズを、社会に対して代弁していくことを求めています。そのうえで、行政や地域社会に働きかけていくことを表現しています。条文7は、地域のネットワークによって子育て家庭に対する支援を進め、子どもと子育てに優しい地域社会づくりに貢献することを誓っています。

最後の条文8は、文字通り専門職としての責務を表現しています。それは、条文1から条文7までに示されている社会的使命・責務を誠実に果たしていくこと、そのための研修、自己研鑽に励むこととされています。

5 倫理綱領を実践に活かすために

どのような立派な倫理綱領があっても、それが空文化してしまっては何にもなりません。倫理綱領を実践に活かしていくことが必要とされます。そのためには、今後、保育士一人一人が倫理綱領の内容を実践に落とし込んでいく作業が必要とされます。具体的には、各条文を事例とともに解説した書籍などを読み、「もし、自分がそれぞれの事例の場面に遭遇したら……」という視点で、自らの保育観を確認していくことが必要とされます。事例について、グループ討議などしながら共通理解を深めていく作業も有益でしょう。日々の保育や保護者との関わりにおいて活かされてこそ、倫理綱領は地に足のついたものとして定着していくことになるのです。

▶2 保育者の専門性について考える

1 保育士資格とその専門性

保育者とは一般的には、保育士、保育教諭、幼稚園教諭を指しますが、ここでは、保育士を中心に考えていくことにします。まず、保育士資格について、児童福祉法第18条の4第1項は次のように規定しています。

「この法律で、保育士とは、第18条の18第1項の登録を受け、保育士の名称を用いて、専門的知識及び技術をもって、児童の保育及び児童の保護者に対する保育に関する指導を行うことを業とする者をいう」

この場合の「児童」は18歳未満の者を指します。また、児童福祉法第6条の3第7項の一時預かり事業の条文において、「保育」を、「養護及び教育（学校教育を除く）を行うことをいう」（一部変更）と規定しています。つまり、保育士は、以下の3つの業務を行う専門職ということになります。

　①「就学前児童の保育」early childhood care & education（エデュケア）
　②「18歳未満の児童の保育」childcare work（ケアワーク）

③「児童の保護者に対する保育に関する指導」（保育指導業務、技術体系としては保育相談支援）

2　保育士養成の中核的な科目

保育士の業務を以上のように理解すると、新保育士養成課程において中核となる科目（原理と内容）は以下の通りとなります。

①就学前の児童の養護と教育が一体となった保育：保育原理、保育内容総論
②18歳未満の児童の保育・養育・養護・育成支援・発達支援など（チャイルド・ケアワーク）：社会的養護Ⅰ、社会的養護Ⅱ、障害児保育
③保育指導：子ども家庭支援論、子育て支援（保育相談支援）

この7科目が、保育士養成課程における最も大切な科目と言え、これらの科目は保育士養成に固有の科目であり、他の専門職が学ばない中核的な科目となります。これが、保育士の専門性ということになります。

なお、ここで言う「子育て支援」は、保育士の専門性を活かした保護者支援の知識・技術について学ぶ科目であり、その専門性は「保育相談支援」と呼ばれます。したがって、それは、社会福祉士の「相談援助」、臨床心理士・公認心理師の「カウンセリング・心理療法」等に相当する中核的科目であり、たとえ新保育士養成課程においてその名称が子育て支援となっても、その中身は保育相談支援を中心に学ぶこととなります。保育相談支援は、保育士資格の法定化により、保護者支援業務が保育士資格の基本業務として規定されたことを受けて創設された科目です。

3　保育士の専門性の構造 -1

図1　保育士の技術

保育所保育指針は、総則その他随所において、子どもの思いや保護者の意向、気持ちを「受け止める」ことや「受容」の大切さを規定しています。「受け止める」ことや「受容」は、「受け入れる」ことや「許容」とは異なります。子どもや保護者の行動の意味や思いをしっかりと受信できて初めて、子どもの発達促進や保護者支援、保護者の理解や協力を得るための発信ができることになります。

保育とは、前述した通り「養護と教育が一体となった」行為であり、「養護」とは、受け止めること、子どもが自ら持つ成長のエネルギーを尊重することと言えます。また、「教育」とは、子どもが持つ自ら伸びようとするエネルギーを、意図的に方向付けることであると言えます。阿部（2016）は、「一切方向づけされていない状態で出生する子どもに対して、他者から

の意図的な方向付けによって、その社会のなかで最終的に『自由を行使できる主体』を形成する営みが教育であるとも言える」と述べています。

子どもの思いを受け止めつつ、意図的に方向付けることとの折り合いをつけて対応すること、日常的に子どもの欲求に丁寧に対応していること、子どもの様子に気を配り、興味を持って関わること、子どもが見守られていると感じられるように関わること、などが養護的行為と言えます。こうした関係は、保護者支援についても同様に考えることができます。保護者の気持ちをしっかりと受け止める受信型の支援と、保護者に対して保育の専門性をもとに働きかける発信型の支援は、保護者支援においても一体的に行われているのです。

こうして考えると、保育士の2つの業務である保育と保育指導（保育相談支援）の技術は受信型と発信型に分けられ、その結果、以下のように整理できることとなります。つまり、保育士の専門技術は、図1の4種に分けることができるのです。

4 保育士の専門性の構造-2

保育所保育指針では、保育士の力量を倫理、知識、技術、判断の4点に整理しています。このなかでは専門職としての価値や倫理が根底となります。対人援助職としての価値・倫理、社会福祉援助職としての価値・倫理を基盤として、保育士としての価値・倫理が存在することとなります。

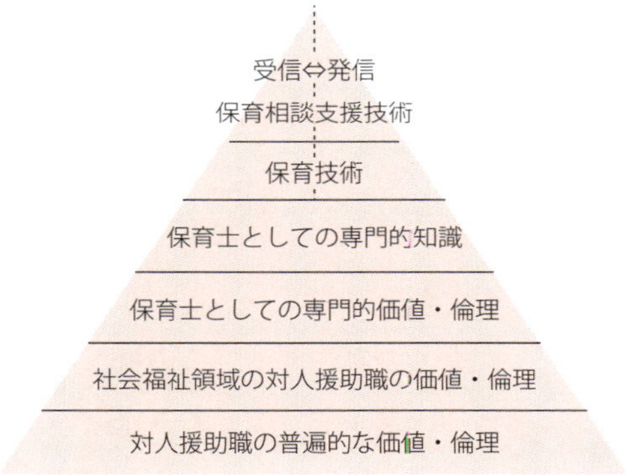

そして、それらを基盤として、専門的知識、専門的技術が獲得されていきます。まず、保育の知識、技術が基盤となり、その上に、保育相談支援の知識、技術が、そして、それらのすべてが統合された専門性が「判断」として活きてくるのです。これらの構造を図式化したものが、図2です。なお、「判断」はこの図の総合展開として具現化することとなります。このすべてを統合する営みが保育実践であり、学生で言えば、本書が目的とする保育実習ということになるのです。したがって、保育実習は、就学前保育、18歳未満児童のケアワーク、保育相談支援を中心とする保護者支援の3つについて行うこととなります。

図2　保育士の専門職としての力量試案
柏女・橋本・西村・高山・山川・小清水（2009）を一部修正

5 保育者の視点

保育者は、これまで述べた専門性を活かし、以下の4つの立ち位置を縦横に駆使しつつ、子どもと親とのよりよい関係の構築や、子どもの発達の保障に取り組んでいる専門職と言えるのです。
・親と子の間に介在し、よりよい親子関係の形成に寄与する。

- 子どもとの応答的な関係を取り結び、子どもの安全基地となる。
- 子ども同士の間に介在し、仲立ちをし、子ども同士の民主的な人間関係の取り結びを支援する。
- 子ども同士が決まりを守りつつ自主的に活動する場を見守り、必要に応じて介入する。

▶3　実習での学びを育てる

　ここでは、保育士を中心に倫理と専門性について学んできましたが、その重要性はみなさんが実習を体験したすべての幼児教育施設・児童福祉施設に共通しています。社会に出れば、保育者としての責任を背負い、やがて実習生を育成する立場にもなっていきます。立場が変わるだけでなく、実習した施設と就職する施設ではいろいろと異なる点もあり、戸惑いや葛藤を体験することもあるでしょう。そんなとき、養成校で学んだことや実習で学んだことが力を発揮します。目の前が見通せなくなったときには、違う窓を開けてみましょう。それぞれの実習を通して、そんな窓をいくつも得ることができたことに感謝の気持ちを持つことが大切です。

　忘れてはならないのは、みなさん自身が「育ちゆく存在」であることです。保育は「自ら育つものを育たせようとする心」すなわち「育ての心」をもって子どもたちを愛しむ「明るい世界」「温かい世界」です。そして「育ての心は相手を育てるばかりではない。それによって自分も育てられてゆく」のです。(『育ての心』倉橋惣三)

　すべての実習を終えて、社会に巣立つ自信を得た人も少し自信を失ってしまった人もいるでしょう。私たちが目指しているのは、「子等の心を育てて自らの心も育つ」仕事です。保育者の職を得ることがゴールではありません。「育ての心」を思い出し、育ちゆく自分をイメージしながら、「保育者になりたいという気持ち（保育のドングリ）」をいつまでも大切に育て続けましょう。

step 3　就職活動に向けて

学習期間　　年　　月〜　　年　　月

▶1　保育現場を歩く

　実習が終わると幼稚園、保育所、認定こども園、児童福祉施設など、就職したい職場のイメージが湧き、具体的な就職活動に向けて準備をし始めます。就職活動は、幼稚園、保育所、認定こども園や児童福祉施設などによって、また、国立、公立、私立の設置形態の違いによっても準備が異なってきます。就職活動で重要なのは、友達の口コミやホームページ、就職雑誌、就職フェアなどの情報のみで就職先を絞るのではなく、実際に就職先として気になる職場が

あった場合には、「百聞は一見に如かず」のことわざ通り、実際に見学に伺うことをおすすめします。

　実際に保育現場を歩き、幼稚園、保育所、認定こども園などでしたら、夏休みなどを利用して、保育時間に合わせて、園の周辺を散策してみて、園の登園時や子どもたちが遊ぶ雰囲気を感じとることも大切でしょう。また、正式に園見学や施設見学に伺うアポイントメントを自分で電話をかけてとりながら、実際に見学に行き、環境は？　人間関係は？　というように具体的な様子が理解できるように実際に訪れて見聞きしてくるとよいでしょう。

　実習した園などから、「就職しませんか？」と就職試験受験のお誘いを受けることもあります。その場合、園行事などに誘われますので、参加しながら様子を見てくるのもよいでしょう。

　昨今は、保育者が不足していますので、お金をかけて業者にお願いして学生受けするような雑誌やホームページを作成し、募集をかけることも多くなりました。しかし、実際の労働条件と異なったり、就職前の説明と就職後の状況が異なったりと若い保育者が職場とミスマッチになるようなことが増加しています。就職をする際には、①実際に自分の目で確かめ、②家族や学校の先生に必ず相談をされることをおすすめします。特に学校の先生は、地域の幼稚園、保育所、認定こども園、児童福祉施設などの情報をたくさん持っていることが多いので、待遇はどうなのか、人間関係はどうなのか、など質問をするとよいかもしれません。

 WORK　就職活動のプランを立て「保育のドングリ」の物語を書こう

　みなさんは、「保育のドングリ」です。これからどんどんと成長していき、実際に就職した際には、保育の大きな木になります。つまり、立派な一人前の保育者になります。

　ここでは、立派な一人前の保育者になるための自分の物語を整理して書いていきましょう。どのようなプロセスをたどって、立派で素敵な保育者になるのか表を完成させてみてください。

	卒業学年の時期	憧れの保育者になるための目標	具体的に何をしたらよいのか？
就職準備期	（例）実習前の時期	（例）実習の中で、どのような先生になりたいか、憧れの先生を探す。	（例）憧れの先生がどのように就職を乗り切ったのかを情報を集める。
就職受験期	（例）就職先開拓時期	（例）自分のやりたい保育ができる園に就職する。	（例）キャリア支援センターで求人票を閲覧し情報を収集する。

	卒業学年の時期	憧れの保育者になるための目標	具体的に何をしたらよいのか？
就職試験期	（例）試験前の時期	（例）憧れの園の就職試験に合格する。	（例）問題集を1日最低3ページ勉強する。
内定決定期	（例）内定時期	（例）就職先で温かい人間関係の職場で保育がしたい。	（例）就職内定後に、内定の感謝の気持ちを込めてお礼状を出す。
内定後			

保育の仕事とやりがい

　保育者を目指すあなたたちは、きっと子どもが大好きなんでしょうね。
　子どもの魅力はあなた方の想像以上です。一人一人様々な個性を持ち、人はこうしていろいろなことを学び育っていくのだなということを目の当たりにする驚きと感激、それが保育の仕事の醍醐味と言えるでしょう。
　子どもは毎日新しいものと出会い、ワクワク、ドキドキ、一喜一憂しながら日々過ごしています。「先生！　先生！」子どもは発見や驚き、感激したことをいち早く担任に伝えます。そしてニコッと笑顔を交わしたとき、子どもと一緒に達成感を共感したときなど、この仕事を選んでよかったと強く思います。
　乳幼児期の成長は著しいものです。
　子どもの様子は日々刻々と変わっていくのです。それには環境が大きく関わっているのは言うまでもありません。なかでも人的環境である保育者の関わりは大きいものであり、子どもの成長や変化を見届けながら多くの感動を共に味わうことは大きな喜びです。
　数多ある職業のなかで、子どもと生活し共に育っていく職業は、それほど多くありません。乳幼児期は、人格形成を育むかけがえのない時期です。そうした人生の1コマに携われることは、責任と同時にやりがいを強く感じるのです。

保育の資格・免許状で働ける職種

　保育の資格・免許状は、保育士資格と幼稚園教諭免許状があります。
　保育士資格は、児童福祉法に定められた児童福祉分野の国家資格で、様々な現場で働くことができる資格です。保育所（園）をはじめ、認定こども園、放課後児童クラブや企業内保育所、地域子育て支援センター、乳児院、児童養護施設、母子生活支援施設、児童自立支援施設、助産施設、障害児入所施設、

児童発達支援センター、児童心理治療施設、児童家庭支援センター・児童相談所（一時保護所）など多くの施設の事業、さらには病院において保育士が活躍しています。

それぞれの児童福祉施設等の保育士は、求められる専門性が異なるため、就職してから、さらに研鑽が必要となってきます。たとえば、放課後児童クラブにおいては、保育士資格で就職した後に都道府県知事が行う所定の研修を受けることで「放課後児童支援員」といった形で勤務することになります。

また、児童厚生施設、いわゆる児童館においては、保育士資格で就職した後に、児童厚生員1級、児童厚生員2級といった民間資格を取得することも可能です。

ところで、幼稚園教諭免許状は、教員免許状であるため、幼稚園に教諭として勤務するほかに、認定こども園の保育教諭として働けるほか、放課後児童クラブで働くことが可能です。

なお、ここで注意をしておかなければならないのは、保育士資格のところでも幼稚園教諭免許状のところでも認定こども園が出てきましたが、幼保連携型認定こども園で働く場合には、保育士資格と幼稚園教諭免許状の両資格・免許状の取得が必要になりますので、留意しておく必要があります。

 ## 求人票の見方

就職を探すときに、養成校のキャリア支援センター等の就職担当の部署で求人票を閲覧できます。求人票とは、どのような人物をどういう条件で採用しますという案内のことです。就職先を探すときに求人票を見て、採用試験を受けることになります。以下に、求人票を見る際の気を付けるポイントを示します。

完全週休2日制と週休2日制は異なります。前者は、毎週に2日お休みがとれます。後者は、どこかの週での2日分、お休みがとれます。

 ここでは、「設置別」「園児数」「教職員数」「昨年度採用実績」に着目します。「設置別」について、自分の希望の法人なのかを確認してください。「園児数」は大規模園なのか、中規模園なのかがわかります。必ず確認しましょう。「教職員数」と「昨年度採用実績」を見ると、どのくらい退職者数がいたのかが推測できます。大量退職者がいる場合、園の詳細の情報を集めて、調べる必要があります。

 「基本給」ばかりに目が行きがちですが、「基本給」以外の収入になる「手当」にも目を向けましょう。また、「賞与」はボーナスのことですので、基本給×○○カ月が年間に貰えるボーナスになります。昇給は、基本給が上がることですから、年に何回あるのか確認しましょう。「社会保険」欄は医療機関にかかる際に必要な健康保険、年金（厚生年金か共済組合か）加入、失業した際に保障してくれる雇用保険、業務中の怪我などで医療費を負担してくれる労災の加入があるかどうかを必ず確認しましょう。「休日休暇」でどれくらい休日があるのかの確認も忘れないようにしましょう。

リカレント教育・研修・自己研鑽

　みなさんは、就職先が決まると、いよいよ社会人生活がスタートし、実際に専門職の一人前の保育者として、社会に羽ばたくことになります。子どもたちの前に立つ職業である保育者は、生涯を通じて学び続けなければならない存在です。常に学び続けるからこそ、子どもたちに最善を尽くすことができるのです。大学・短期大学・専門学校等、保育者を養成する学校では、「リカレント教育」といって、卒業生を対象として、社会人に学び直しの機会を設けているところもあります。また、職場では、園外研修、園内研修などの義務研修を実施し、専門性を高めようとしています。さらに、自己研鑽として、自主的に学会や研究会に参加したり、仲間を集めて自主研修を行って、保育者としての自己の課題を乗り越えようと努力している人たちは多くいます。

　社会人になって、保育の専門家として学ぶ機会があった場合、みなさんには積極的にその機会に参加して、たくさんのことを学び、さらに、自分の勤務している園だけではなく、多くの保育者仲間と知り合いになり、切磋琢磨できるようになってほしいと思います。

　また、自分が学んだ保育者を養成する学校の卒業生との学びの輪をつくっていくことも、大切なことです。何かの知識を学ぶだけでなく、保育を語ることや、情報交換など、様々なあり方があってよいと思います。同じ学び舎で学んだ友達を大切にすることも、より専門家になる1つの方法のように思います。

 専門性の差が問題になっている

　みなさんが、保育者として働くなかで何を思うでしょうか？　おそらく、学び続けている保育者とそうでない保育者の専門性の差の大きさを実感することでしょう。子どものことを本当の意味で愛し、子どものために貢献したいと思い、日々、努力している保育者は、誠実に様々な専門的な学びを続けています。

　どの職種の世界でもそうですが、専門性に優れている人と、本当に専門家？と思う人といるものですが、特に保育の職場において、誠実に学び続けて保育者をしている方々を大切にしていかなければなりません。

　また、夢や目標を持って保育者になったとしても、専門性を身に付ける環境が整っていない職場に勤めたがために、苦労をしている人もいます。保育者が接する子どもたちのなかにも、かなり専門性が求められる子どもたちも多くいます。

　勤務する職場によって専門性の差が出るのもおかしなものですので、これから保育者になる方々には、より高度な専門性を身に付けるためにも、大学院で学ぶという選択も人生の選択肢の中に是非、入れておいていただければと思っています。専門性の高い保育者が増えることで、さらに多くの保育者の意識が向上することを期待しています。

▶2　保育の仕事の現状とこれから

1　待機児童問題

　待機児童問題は、マスメディア等によって、クローズアップされていますが、全国的な問題ではなく、主に人口が集中する都市部を抱えている都道府県に待機児童数が多い傾向が見られます。

　全国における待機児童数は2017（平成29）年に2万6081人でしたが、2018（平成30）年には1万9895人と前年比6186人減となっています。

都市部においては、子どもが誕生した後、保護者が「仕事をしたい」「仕事に復帰したい」と考えても、子どもを入所させる保育所等の定員がいっぱいで入所希望を叶えることができない家庭が存在するのが実情です。保育所の入所を希望する保護者が、仕事と育児を両立できるために、さらなる待機児童の解消に向けて施策を実施しているところです。

図3によれば、2018（平成30）年の保育所等待機児童数は減少しています。その一方で、保育所等利用率が年々増加しており、特に都市部の保育所施設数は増加傾向にあります。保育所施設数が2017（平成29）年には3万2793カ

図3　保育所待機児童数・保育所利用率（厚生労働省子ども家庭局保育課、2017）

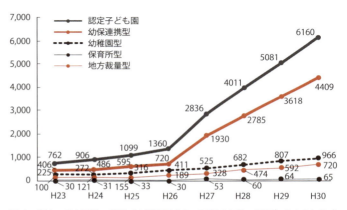

図4　認定こども園数の推移（内閣府子ども・子育て本部、2018）をもとに作成

所であったのに対して、2018（平成30）年には3万4763カ所となり、1970カ所（6.0％増）になっています。また、利用定員は2017（平成29）年には270万3355人であったのに対して、2018（平成30）年には280万579人となり、9万7224人（3.6％増）でした。このように待機児童対策として、保育施設数を増やしたり、保育所の利用定員を増加させているなかで、希望する保育所に入所できないケースも見られ、今日的な課題となっています。そのようななかで、図4のように、認定こども園の数が増加しています。特に幼保連携型認定こども園の急増が見られます。これから、幼稚園や保育所から幼保連携型認定こども園に移行していくケースが増えるものと見られています。

2 保育士不足・離職の問題

待機児童対策において、都市部の保育所数が増えているなかで、保育を担う保育士が不足している状況にあります。単に保育所数の増加ということだけではなく、保育士の離職の問題が背景に存在しています。たとえば、全国保育士養成協議会（2009）の調査によると、指定保

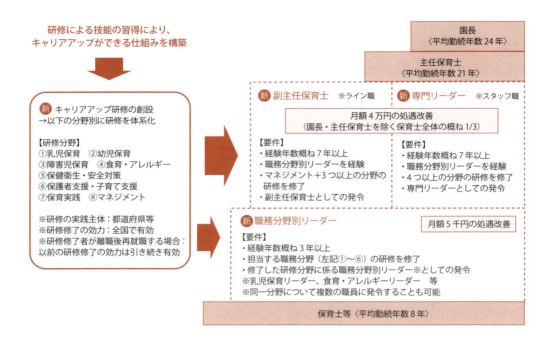

図5　キャリアアップの仕組み（厚生労働省雇用均等・児童家庭局保育課、2017）

　育士養成施設を卒業して保育士資格を取得し、保育士として勤務している者のうち、2年以内に離職した者がおよそ20％、6年以内に離職した者がおよそ60％いたことが明らかになっています。このように保育士資格の有資格者の離職が増加していることによって、保育士不足の深刻な状況が続いています。

　榊原ら（2017）は、「保育士不足や離職についての原因として、『就業時間の問題』『賃金の問題』などの労働環境をはじめ、様々な要因が現在まで考えられているが、保育業務に起因する精神的健康の低下は、その一因として挙げられる」と指摘しています。図5は、2017年に厚生労働省が処遇改善とキャリアアップの仕組みを作成した際の仕組みです。このことによって、保育士の給与が改善されるなどの「賃金の問題」に取り組んでいるところです。また、「就業時間の問題」については、たとえば、全国私立保育園連盟（2019）において、保育所の就業時間において、職員が子どもと関わる以外の時間を意味するノンコンタクトタイムについての実態調査が実施されたばかりです。

　このように、「働く職場の環境改善」として、処遇改善を行ったり、雇用環境を改善しようとする取り組みが始まっています。その他に「人材育成」にも力をいれており、保育士の就学資金貸付や雇用保険の被保険者に対する指定保育士養成施設での受講者支援、未就業者に対する就業支援、幼稚園教諭免許状取得者に対する保育士資格特例制度などが行われてきました。

　特に、保育士資格の有資格者が保育士として働いていない人たちのことを潜在保育士といい、保育所を退職した有資格者に対して「再就職支援」をするために、職場と保育士をマッチング

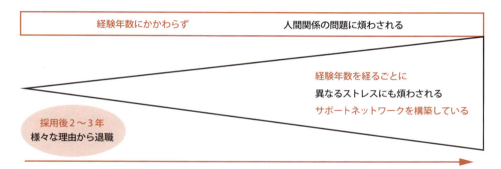

図6　保育の職場の人間関係をめぐる時系列図

させるなどのサポートが行われています。

また、「就業継続支援」として、離職防止のための研修支援や各種助成金の活用促進などを実施しています。しかし、保育士の不足は、今日的な問題となっており、さらなる対応が求められています。

3　保育の職場のこれから

保育士や幼稚園教諭、保育教諭の仕事は、精神的健康の観点からの研究が、これからの課題といってもよいでしょう。『賃金の問題』や『就業時間の問題』がクローズアップされていますが、榊原ら（2017）が保育士不足の要因の1つとして精神的健康の低下を指摘しているように、保育士の精神的健康の低下については、見過ごすことができません。図6のように、採用後2〜3年で様々な理由で退職するケースが目立ちますが、そもそも、保育の職場における人間関係の問題は、経験年数にかかわらず、勤務している限りは煩わされるのです。このことは、保育の職場のみならず、社会人としてどの職場に所属しても当てはまることです。しかし、経験年数を経るにつれて、その人を助けてくれるサポートネットワークが職場の人間関係にできると、様々なストレスに煩わされても、離職に追い込まれるようなことが少なくなると考えられています。さらには、保育の職場の人間関係において、今までは、指導という名目で行われてきた相手を傷つけ、人格をも否定する行為は、ハラスメントとして注目されてきています。パワハラ、セクハラ、マタハラなどと呼ばれる人権を侵害する行為は、精神的・身体的苦痛をもたらし、職場環境が悪化するため、保育の職場に働く一人一人が人権意識を高くもち、ハラスメント防止に努めなければなりません。

以上のことから、保育の職場のこれからは、保育士や幼稚園教諭、保育教諭の教職員間の精神的健康にも焦点を当てて議論する必要があるのです。

おわりに

　適度な温度、ほどよい雨、ちょうどよい栄養分の土が揃った時に、ドングリは、芽が出て、大きな木へとスクスクと成長していきます。実習生というドングリも、適切な実習指導と、実習生にとって保育実践を学ぶのに、ちょうどよい実習先や指導の先生方に出会うことで、スクスクと成長していくのではないでしょうか。

　この本は、そんな本来、みなさんのなかに備わっている潜在的な力を育むように……と考えながら構成されたものです。

　実習指導というと養成校の先生のなかにも、保育関係者にも、実習生のみなさんにも厳しく指導されるものという先入観があるのではないでしょうか。しかし、本書は、ドングリである実習生のみなさんが成長していく力を信じるという立場をとっています。したがって、実習生のみなさんは、本書の温かみを感じながら学習を進めていただければ幸いです。

　実習生である若者が年々変化していくなかで、私たち、執筆者一同、実習生の成長する力を信じ、その実習生の肯定的な側面に着目しながら、保育者の力量形成を意識しながら保育者養成をしています。養成校の先生や保育関係者に、少しでも、このような実習指導や実習のあり方が全国に広まればと願い、本書を編集いたしました。

　本書は、保育実習、幼稚園実習を担当している教員が、研究会を立ち上げて、保育者を目指す学生の潜在的な力を引き出す実習指導のあり方を念頭において作成されたものです。その大半は、実際に質の高い保育を実践してきた幼稚園、保育所、こども園の園長経験者で、保育実践のスペシャリストです。

　そもそも、本書の企画は、これらの先生方の実践知を書籍として、次の世代の保育者に残したいという思いでスタートしましたので、本書のあらゆるところに優れた実践知が詰まっていることでしょう。

　本書で学びながら、ドングリである実習生のみなさんが周囲の温かみを感じながら有意義に実習の学びを深め、大きく成長されることを切に願っています。

2019年7月　齊藤　崇

文部科学省（2002）幼稚園教員の資質向上について——自ら学ぶ幼稚園教員のために（報告） http://www.mext.go.jp/b_menu/shingi/chousa/shotou/019/toushin/020602.htm　2019年5月28日確認

経済産業省（2006）https://www.meti.go.jp/policy/kisoryoku/index.html　参考：経済産業省では新たに「人生100年時代の社会人基礎力」を定義している。

小佐々典靖・城戸裕子・鈴木靖之（2018）「保育士養成校における施設実習に対する不安と変化」〈Fig.1 施設実習の不安要素構造〉『浜松学院大学教職センター紀要』7、pp.39-52

川上須賀子・槇英子・浜口順子・中澤潤・榎沢良彦（2017）『倉橋惣三「児童心理」講義録を読み解く』、萌文書林

榊原洋一・今井和子編著（2006）『今求められる質の高い乳児保育の実践と子育て支援』、ミネルヴァ書房、p.58

メディア教育開発センター（1999）『保育を学ぶ』、教師教育ビデオ教材/メディア教育開発センター制作、教育実習・幼稚園、放送大学教育振興会

文部科学省（2012）「幼児期運動指針」

吉田伊津美編著（2015）『楽しく遊んで体づくり！　幼児の運動あそび——「幼児期運動指針」に沿って』、チャイルド本社

槇英子（2018）『保育をひらく造形表現（第2版）』、萌文書林、p.117

矢野智司（2014）『幼児理解の現象学——メディアが開く子どもの生命世界』幼児教育知の探究13、萌文書林

是澤優子（2015）「影絵」、森上史朗・柏女霊峰編『保育用語辞典（第8版）——子どもと保育を見つめるキーワード』、ミネルヴァ書房、p.386

浅木尚実（2018）第8章「児童文化財（1）」、駒井美智子編『保育者をめざす人の保育内容「言葉」（第2版）』、みらい、pp.99-113

全国保育士養成協議会東北ブロック研究委員会編（2018）『保育実習指導のガイドライン』ver. Ⅳ

長島和代編（2014）『これだけは知っておきたい——わかる・話せる・使える保育のマナーと言葉』、わかば社

金子智栄子・金子功一・金子智昭（2018）『保育者の力量を磨く——コンピテンス養成とストレス対処』、ナカニシヤ出版

ドナルド・ショーン（2001）『専門家の知恵——反省的実践家は行為しながら考える』、佐藤学・秋田喜代美訳、ゆみる出版

越谷市ホームページ（2019）デイリープログラム『保育関連施設・事業所で使用する参考様式について』「保育の計画、保育日誌」　https://www.city.koshigaya.saitama.jp/kurashi_shisei/kosodate/hoikujigyosha/hoiku_youshiki.html　2019年5月28日確認

一般社団法人全国保育士養成協議会編（2018）『保育実習指導のミニマムスタンダード ver.2 ——「協働」する保育士養成』、中央法規、pp.94-95

相談援助実習研究会編（2013）『はじめての相談援助実習』、ミネルヴァ書房、p.74-76、表 3-1
お茶の水女子大学附属幼稚園・小学校（2006）『子どもの学びをつなぐ——幼稚園・小学校の教師で作った接続期カリキュラム』、東洋館出版社
横浜市こども青少年局子育て支援課幼保小連携担当編（2012）『育ちと学びをつなぐ——横浜版接続期カリキュラム』、横浜市こども青少年局子育て支援課幼保小連携担当・横浜市教育委員会、p.16
倉橋惣三著、津守真・森上史朗編集（2008）『育ての心〈上〉』（倉橋惣三文庫）、フレーベル館
一般社団法人全国保育士養成協議会（2009）指定保育士養成施設卒業生の卒後の動向及び業務の実態に関する調査　報告書Ⅰ
公益社団法人全国私立保育園連盟調査部（2019）ノンコンタクトタイム調査報告書
厚生労働省子ども家庭局保育課（2017）『保育所等関連状況取りまとめ（平成 30 年 4 月 1 日）を公表します』報道資料
厚生労働省雇用均等・児童家庭局保育課（2017）『保育士のキャリアアップの仕組みの構築と処遇改善について』行政説明資料
内閣府子ども・子育て本部（2018）認定こども園に関する状況について（平成 30 年 4 月 1 日現在）資料
榊原良太・富塚ゆり子・遠藤利彦（2017）「子ども・保護者との関わりにおける保育士の認知的な感情労働方略と精神的健康の関連」発達心理学研究 28（1）、pp. 46-58.
柏女霊峰（2017）『これからの子ども・子育て支援を考える——共生社会の創出をめざして』、ミネルヴァ書房
柏女霊峰（2018）「保育士の責務と倫理」、柏女霊峰監修・全国保育士会編『改訂 2 版　全国保育士会倫理綱領ガイドブック』、全国社会福祉協議会
柏女霊峰（2018）「全国保育士協議会倫理綱領ガイドブック（三訂版）の活用を願う」、柏女霊峰監修・独立行政法人国立病院機構全国保育士協議会倫理綱領ガイドブック三訂版作成員会編『三訂版・医療現場の保育士と障がい児者の生活支援』、生活書院
網野武博・無藤隆・増田まゆみ・柏女霊峰（2006）『これからの保育者にもとめられること』、ひかりのくに
阿部和子（2016）「「養護と教育が一体となって営まれる保育」を言語化することとは」、全国保育士会保育の言語化等検討特別委員会編『養護と教育が一体となった保育の言語化——保育に対する理解の促進と、さらなる保育の質向上に向けて』、全国保育士会・全国社会福祉協議会
柏女霊峰・橋本真紀編（2011）『保育相談支援』、ミネルヴァ書房
柏女霊峰・橋本真紀・西村真実・高山静子・山川美恵子・小清水奈央（2009）『保育指導技術の体系化に関する研究』、こども未来財団
柏女霊峰・橋本真紀（2010）『増補保育者の保護者支援——保育相談支援の原理と技術』、フレーベル館
柏女霊峰（2017）『これからの子ども・子育て支援を考える——共生社会の創出をめざして』、ミネルヴァ書房

監修者・編著者紹介

監修者

柏女霊峰（かしわめ　れいほう）

淑徳大学総合福祉学部教授・同大学院教授

【主な著書】『混迷する保育政策を解きほぐす』（単著、2019年、明石書店）、『子ども家庭福祉』（共編著、2019年、全国社会福祉協議会）、『これからの子ども・子育て支援を考える』（単著、2017年、ミネルヴァ書房）など。

編著者

槇英子（まき　ひでこ）

淑徳大学総合福祉学部教授

【主な著書】『保育をひらく造形表現（第2版）』（単著、2018年、萌文書林）、『倉橋惣三「児童心理」講義録を読み解く』（共著、2017年、萌文書林）、『新しい保育講座11　保育内容「表現」』（共著、2019年、ミネルヴァ書房）

齊藤崇（さいとう　たかし）

淑徳大学総合福祉学部教授

【主な著書】『教育相談の理論と方法』（単著、2017年、大学図書出版）、『こころの発達によりそう教育相談』（共著、2018年、福村出版）、『教育心理学をきわめる10のチカラ［改訂版］』（共著、2019年、福村出版）

江津和也（ごうづ　かずや）

淑徳大学総合福祉学部教授

【主な著書】『最新　よくわかる教育の基礎』（共著、2019年、学文社）、『グループワークで学ぶ保育内容総論』（共編著、2019年、大学図書出版）

桃枝智子（ももえだ　ともこ）

淑徳大学総合福祉学部准教授

【主な著書】『［新版］保育内容「人間関係」』（共編著、2018年、大学図書出版）、『生活事例からはじめる保育原理』（共著、2015年、青踏社）

はじめに／柏女
本書について／槇
Part 1　保育のドングリを磨く――実習事前指導
1　実習に必要な資質・能力の基盤を築く／槇（p.14-25、p.33-44、p.47-54）・齊藤（p.30-32、p.64-67）・江津（p.26-29、p.59-63）・桃枝（p.45-46、p.55-58）
2　実習に必要な専門性を養う／槇（p.106 表、p.110-117）・齊藤（p.68-69）・江津（p.70-81）・桃枝（p.82-110、p.118-120）

Part 2　保育のドングリを育てる――実習指導・事後指導
3　保育実習／江津（p.124-126）・桃枝（p.126-130）
4　施設実習／江津（p.131-136）
5　幼稚園実習／槇（p.137-144）
6　実習から保育者へ／斎藤（p.145-148、p.156-161、図6）・柏女（p.149-155）・槇（p.155）
おわりに／齊藤

執筆担当 50音順

- 飯嶋和子（淑徳大学兼任講師／前 市原市立保育所所長）
  p.90-93　②1〜2歳児クラスの指導案／p.60　COLUMN 笑顔の力

- 上村麻郁（千葉経済大学短期大学部教授）
  p.131-136　4 施設実習／p.136　COLUMN 施設保育士として生きる

- 桑原留美子（前 淑徳大学兼任講師／前 習志野市立幼稚園園長）
  p.39-41　③遊びの理解　1）木登り場面で──領域「健康」と「環境」の視点から安全指導を考える／p.20　COLUMN 指導案通りにいかない！　どうしよう！／p.141　POINT 予想されるトラブルと対応

- 斉藤真由美（淑徳大学兼任講師／千葉経済大学短期大学部兼任講師）
  p.62-63　3 書類の作成／p.78-79　5 反省・評価／p.119　WORK 電話のかけ方を練習してみよう

- 佐藤朱美（前 淑徳大学兼任講師／前 千葉市子育て支援館館長）
  p.54　COLUMN もったいない精神を発揮する──切り残し紙・リサイクル材の活用／p.58　COLUMN 実習で活かせる自己紹介のいろいろ

- 立花雅子（前 社会福祉法人日本フレンズ奉仕団おともだち保育園園長／前 淑徳大学兼任講師）
  p.83　COLUMN 指導案は実習中育つもの（否定されたと思わない）

- 田邉留美子（淑徳大学兼任講師／前 流山市幼児教育支援センター附属幼稚園園長）
  p.32　COLUMN 実習生に必要な特別支援／p.141　COLUMN 子どもとの関係性が大切──責任実習も心のつながりから

- 當銀玲子（淑徳大学兼任講師／前 浦安市立認定こども園園長）
  p.47-50　2）音と言葉を楽しむ／p.50　COLUMN ピアノが苦手でも大丈夫？　子どもたちと歌を歌うときに一番大切なのは

- 中村和穂（淑徳大学兼任講師／前 江戸川区立幼稚園園長）
  p.33-35　1）1日の生活と保育の形態／p.104-106　5 歳児クラスの指導案

- 中村洋子（前 淑徳大学兼任講師／前 私立幼稚園副園長）
  p.30　COLUMN 子どもの遊びから子ども理解を深める／p.69　WORK 実習生の立ち位置を考えてみよう／p.139　COLUMN 教育要領と園の実態──なぜいろいろな園があるの？

- 西川允子（前 淑徳大学兼任講師／前 浦安市立幼稚園園長）
  p.98-100　④3歳児クラスの指導案／p.69　COLUMN「負けて　悔しい　楽しいリレー」

- 古川和子（淑徳大学兼任講師／前 千葉市立保育所所長）
  p.36-38　乳児保育の視点／p.94-97　異年齢クラス（3、4、5歳児）の指導案

- 宮崎絹子（淑徳大学兼任講師／前 習志野市立保育所所長）
  p.86-89　乳児クラスの指導案／p.18　COLUMN 実習生に求められる姿勢──実習先は学びの宝庫です／p.62　POINT 保育現場での感染症の実際とその対応

- 山下恵津子（淑徳大学兼任講師／前 木更津市立保育園園長）
  p.22　COLUMN 実習生のKくんが先生になった日／p.85　COLUMN 指導案は生きている

- 蓬田はるみ（淑徳大学兼任講師／前 習志野市立幼稚園園長）
  p.42-44　2）いざこざ場面で──領域「人間関係」と「言葉」の視点から／p.101-103　⑤4歳児クラスの指導案／p.156　COLUMN 保育の仕事とやりがい

● 写真協力
本文
p.41　和光保育園（富津市）
p.53　磯辺白百合幼稚園（千葉市）
p.57　淑徳大学パネルシアターサークル　でんでん虫
p.71　白梅いずみ保育園（横浜市）
p.77　和泉学園いづみ幼稚園（横浜市）

カバー
大巌寺幼稚園（千葉市）
子鹿幼稚園（千葉市）

● 編集協力
p.72　鈴木あかり（保育士、淑徳大学卒業生）
p.76　穴澤恵美（保育教諭、淑徳大学卒業生）

保育者の資質・能力を育む
保育所・施設・幼稚園実習指導

2019年7月30日　初版第1刷発行
2024年3月15日　　　　第2刷発行

監修者	柏女霊峰
編著者	槇英子
	齊藤崇
	江津和也
	桃枝智子
発行者	宮下基幸
発行所	福村出版株式会社
	〒113-0034　東京都文京区湯島 2-14-11
	電話　03-5812-9702／ファクス　03-5812-9705
	https://www.fukumura.co.jp
印刷・製本	中央精版印刷株式会社

©R. Kashiwame, et al. 2019
Printed in Japan
ISBN978-4-571-11045-0

定価はカバーに表示してあります。
落丁本・乱丁本はお取り替えいたします。

福村出版 ◆ 好評図書

杉山佳菜子 編
アイディア満載！
教育・保育実習サポートレシピ
●指導案・あそび・うたの実践のコツ
◎1,800円　ISBN978-4-571-11044-3　C3037

指導案の書き方，遊び，歌の楽譜など，複数の参考書にまたがって紹介されることの多い内容を1冊に集約。

小川英彦 編
ポケット判
保育士・幼稚園教諭のための
障害児保育キーワード100
◎2,000円　ISBN978-4-571-12131-9　C3037

法律・制度から日々の実践まで，障害児保育に必要な情報100項目を収録し，平易に解説したガイドブック。

中村みゆき 著
園生活がもっとたのしくなる！
クラスのみんなと育ち合う保育デザイン
●保育者の悩みを解決する発達支援のポイント
◎1,600円　ISBN978-4-571-12128-9　C3037

発達に偏りのある子が，園生活をたのしく過ごし，クラスのみんなと育ち合う保育デザインをわかりやすく解説。

七木田 敦・山根正夫 編著
発達が気になる子どもの行動が変わる！
保育者のための
ABI（活動に根ざした介入）実践事例集
◎1,800円　ISBN978-4-571-12129-6　C3037

発達障害が気になる子どもの行動に対する新しいアプローチ，ABI（活動に根ざした介入）の実践例を紹介。

渡邊雄介 監修／芳野道子・越智光輝 編著
保育内容「音楽表現」
●声から音楽へ　響きあう心と身体
◎2,600円　ISBN978-4-571-11047-4　C3037

日々の保育に欠かせない声の健康を保つための基礎知識を身につけ，保育における豊かな音楽表現を目指す。

七木田 敦・J. ダンカン 編著
「子育て先進国」
ニュージーランドの保育
●歴史と文化が紡ぐ家族支援と幼児教育
◎2,400円　ISBN978-4-571-11038-2　C3037

世界でいち早く幼保一元化を実施し，就学前教育参加率を高めたニュージーランドの多様な保育実践と課題。

石井正子・向田久美子・坂上裕子 編著
新 乳幼児発達心理学〔第2版〕
●子どもがわかる　好きになる
◎2,300円　ISBN978-4-571-23065-3　C3011

「子どもがわかる 好きになる」のコンセプトを継承し，最新の保育士養成課程や公認心理師カリキュラムに対応。

加藤由美 著
保育者のためのメンタルヘルス
●困難事例から考える若手保育者への心理教育的支援
◎2,100円　ISBN978-4-571-24066-9　C3011

保育現場の先生方の困難事例を多数掲載。保育者を目指す学生，若手を育成する立場にある先生方にもおすすめ。

柏女霊峰 編著
子ども家庭福祉における
地域包括的・継続的支援の可能性
●社会福祉のニーズと実践からの示唆
◎2,700円　ISBN978-4-571-42073-3　C3036

地域・領域ごとに分断されてきた施策・実践を統合し，切れ目のない継続的な支援を構築するための考察と提言。

◎価格は本体価格です。